Huck-Schade · Soft Skills auf der Spur

Konzept und Beratung der Reihe Beltz Weiterbildung

Prof. Dr. *Karlheinz A. Geißler*, Schlechinger Weg 13, D-81669 München.
Prof. Dr. *Bernd Weidenmann*, Weidmoosweg 5, D-83626 Valley.

Johanna Maria Huck-Schade

Soft Skills auf der Spur

Soziale Kompetenzen: weiche Fähigkeiten – harte Fakten

Beltz Verlag · Weinheim, Basel, Berlin

Johanna Maria Huck-Schade, Jg. 1945, Autorin, Kunsttherapeutin, Trainerin im Bereich der beruflichen und kulturellen Weiterbildung. Arbeitete viele Jahre als fest angestellte Trainerin im Finanzdienstleistungs- und Versicherungsbereich. Seit über 20 Jahren ist sie in der Erwachsenenbildung in verschiedenen Wirkungsbereichen tätig. Als freiberufliche Trainerin entwickelt sie verstärkt die Integration von kreativen Materialien in Fachseminaren. Beratung bei der Entwicklung und Durchführung von Projekten in der Weiterbildung unter anderem zum Thema Schlüsselqualifikationen.

Adresse: Johanna Maria Huck-Schade, Sybelstraße 36, 40239 Düsseldorf.
E-Mail: huck-schade@t-online.de
Homepage: www.huck-schade.de

Lektorat: Ingeborg Sachsenmeier

www.beltz.de
Herstellung: Klaus Kaltenberg
Satz: Mediapartner Satz und Repro GmbH, Hemsbach
Druck: Druckhaus Beltz, Hemsbach
Umschlaggestaltung: glas ag, Seeheim-Jugenheim
Umschlagabbildung: zefa visual media gmbh, Düsseldorf
Zeichnungen: Birgit Schneider, München
Printed in Germany

ISBN 3-407-36402-4

Inhaltsverzeichnis

Vorwort

Bereits im Kindesalter können im Elternhaus die sozialen Kompetenzen wie Kommunikation und Kritikfähigkeit gefordert und gefördert werden. In der Schule kann diese Erziehung je nach Methodenkompetenz des Lehrers weiterentwickelt werden. Mit welchen Möglichkeiten Soft Skills an Hochschulen vermittelt werden können, auch damit beschäftigt sich dieses Buch.

Ziel des Buches: Soft Skills diskutieren und Ergebnisse strukturieren

Ziel des Buches ist es, die verschiedenen Diskussionsansätze über die Soft Skills der Mitarbeiter im Unternehmen und somit auch in der Weiterbildung zu strukturieren. Unter anderem wird folgenden Fragen nachgegangen:

- Sind Soft Skills Charakteristika der Persönlichkeit oder erlernbare Techniken?
- Sind sie überhaupt trainierbar und, wenn ja, bis zu welchem Grad? Wie trainiert man diese Qualifikationen?
- Ist der Erfolg eines solchen Trainings nachvollziehbar?

Mit Hilfe dieses Buches sollen neue Denkanstöße gegeben werden. Die Möglichkeiten und Methoden zur Stärkung der Soft Skills werden zur Diskussion gestellt. Es richtet sich an Lehrkräfte, Trainer, Dozenten, Personalentwickler sowie an alle, die in der Jugend- und Erwachsenenbildung tätig sind. Für Führungskräfte, ob weiblich oder männlich, soll es eine Quelle der Inspiration für den Umgang mit ihren Mitarbeitern sein.

Die Benutzung der männlichen Form in diesem Buch ist ein Zugeständnis an die bessere Lesbarkeit, keine Hommage an männliche Überlegenheit. Leserinnen werden um Nachsicht gebeten.

Die Begriffe Trainer und Training gelten hier als Sammelbegriff für Lehrer, Ausbilder, Dozenten an den verschiedensten Weiterbildungseinrichtungen, angefangen von Schulen, Hochschulen, Erwachsenenbildungsstätten bis zum Firmentraining.

Danksagung

Mein Dank gilt für die fachliche Unterstützung Sabina Kocot und Stephanie Rau. Mein Mann, Reinhard Schade, begleitete den Prozess des Schreibens in allen Höhen und Tiefen und korrigierte unermüdlich das Manuskript. Meine Kindern Valerie und Simon Huck unterstützten mich inhaltlich, technisch, wenn im falschen Moment der PC abstürzt, und moralisch. Meiner Familie und allen, die mich in vielen Diskussionen bei der Entstehung des Buches begleitet haben, danke ich. Die vertrauensvolle Zusammenarbeit mit Ingeborg Sachsenmeier erleichterte es mir, manche Hürde zu nehmen. Danke.

Einführung

Bis in die 60er-Jahre war die berufliche Qualifikation durch eigenes Fachwissen geprägt, welches in einem bestimmten Berufsfeld »lebenslänglich« eingesetzt wurde. Durch die immer schnellere und weiter reichende technische Entwicklung wurde und wird die Verfallszeit des fest umrissenen, beruflichen Wissens und Könnens verkürzt. Dadurch entsteht der Bedarf an beharrlichen Fähigkeiten, beispielsweise durch eigenverantwortliches Weiterlernen den veränderten beruflichen Anforderungen gerecht zu werden. Soft Skills gelten mittlerweile als wichtige Voraussetzung für die Welt von Heute und Morgen.

Soft Skills gewinnen zunehmend an Bedeutung

Die Persönlichkeit des Mitarbeiters wird über Soft Skills – weiche Fähigkeiten –, wie etwa soziale und interkulturelle Kompetenzen, emotionale Belastbarkeit, Teamfähigkeit oder Flexibilität, definiert. Diese Eigenschaften gewinnen bei der Rekrutierung insbesondere von Fach- und Führungskräften neben den Hard Skills – harte Fähigkeiten, gleich fachliche Qualifikation – zunehmend an Bedeutung. Dies liegt unter anderem an der kommunikationstechnologischen Revolution und dem zunehmenden Konkurrenzdruck, ausgelöst durch die Globalisierung der Märkte, die zu einer Umwälzung in allen Bereichen unserer Gesellschaft geführt hat.

Zur Sicherung der unternehmerischen Zukunft sind motivierte und engagierte Mitarbeiter und Führungskräfte für das Unternehmen ein Ernst zu nehmender Wettbewerbsfaktor. Damit die Unternehmensziele erreicht werden, favorisiert eine wachsende Anzahl von Unternehmen die Arbeit in Teams und Projektgruppen. Team- und Kommunikationsfähigkeit sowie Eigenaktivität im Umgang mit Kollegen, Mitarbeitern und Vorgesetzten haben dabei eine hohe Bedeutung. Deshalb werden die Qualifikationen Eigenaktivität und Selbstverantwortung, Teamfähigkeit, persönliche Leistungsfähigkeit, Flexibilität und Kreativität zunehmend gefordert.

Nach einer Stellenmarktanalyse 2000 (CDI, Deutsche private Akademie für Wirtschaft GmbH) in Deutschland werden in 67 Prozent aller ausgewerteten Anzeigen Schlüsselqualifikationen für die zu besetzenden Positionen vorausgesetzt. Im IT-Bereich oder E-Business sind es sogar über 70 Prozent, Tendenz steigend.

Über ein gutes Abitur und Diplom verfügen viele Arbeitsplatzanwärter, häufig sind jedoch persönliche/soziale Fähigkeiten und Flexibilität unterentwickelt. Viele Unternehmen bemängeln gar das Fehlen kognitiver und sozialer Fähigkeiten bei Absolventen aller Schularten. Woher soll der Nachwuchs das auch haben, aus dem Elternhaus – heutzutage meist Kleinfamilien, aus dem Kindergarten, der Schule oder dem Studium? Die Forderung an den Arbeitskräftenachwuchs, mehr Soft Skills zu entwickeln, ist heute der rote Faden in der Aus- und Weiterbildung.

Schlüsselqualifikationen schulen, um zukünftige Anforderungen zu meistern

Bereits 1974 hat der damalige Direktor des Forschungsinstitutes der Bundesanstalt für Arbeit, Dieter Mertens, auf den Wandlungsprozess mit einem Qualifikationskonzept unter der Bezeichnung »Schlüsselqualifikationen der Schulung für eine Existenz in der modernen Gesellschaft« reagiert. Da das Faktenwissen schnell überholt ist und wenig für die Existenzsicherung in der Zukunft beinhaltet, kam er zu der Schlussfolgerung, dass die besonders umfassenden und vorangestellten Eigenschaften die Schlüsselqualifikationen sind. Sie zeichnen sich seiner Meinung nach dadurch aus, dass sie Menschen die Möglichkeit geben, auf künftige Anforderungen angemessen zu reagieren. Seine Thesen zu Schlüsselqualifikationen sind in vielfältiger Form in der Arbeitsmarkt- und Berufsforschung sowie in der beruflichen Weiterbildung diskutiert und angewandt worden.

Es besteht, wie Studien aus Wirtschaft und Weiterbildung beispielsweise anhand der Auswertung von Stellengesuchen belegen, heute ein hoher Bedarf an Schulen, Hochschulen und im Firmentraining, neben den Fach- und Methoden- auch Sozialkompetenz, die Soft Skills, zu vermitteln, zu entwickeln, zu fördern und dann nach Möglichkeit auch zu beurteilen.

Die zwischenmenschlichen Fähigkeiten selbst können nicht durch Training angelegt werden. In der Persönlichkeit des Einzelnen sind sie als Charaktereigenschaften vorhanden – oder auch nicht. Die vorhandenen Veranlagungen können aber, in welchem Ausmaß auch immer, im Rahmen der schulischen oder universitären Ausbildung, im Trainingsbereich und in der Personalentwicklung bewusst gemacht und gefördert werden – vorausgesetzt der Betreffende ist dazu bereit.

Vor diesem Hintergrund bieten einige Hochschulen Seminare an, in denen unter dem Begriff »Soft Skills« zum Beispiel Präsentation, Rhetorik, Sprachen vermittelt werden. Ebenso versuchen sie, die soziale Kompetenz der Studenten während des Studiums gezielt durch Teamarbeit in kleinen Gruppen zu fördern. An Hochschulen können die Studenten damit in impliziten und expliziten Lehrveranstaltungen auf die Berufswelt vorbereitet werden (s. S. 34).

Für die Entwicklung dieser Fähigkeiten sind praktische Tätigkeiten, Selbsterfahrung, Selbstreflexion und Feedback in der Gruppe unverzichtbar. Denn Soft Skills im Selbststudium, beispielsweise aus Büchern zu erlernen, sind sehr deutliche Grenzen gesetzt. Es kristallisiert sich immer mehr heraus, dass im Training am ehesten mit teilnehmeraktiven Methoden Raum zur Auseinandersetzung und zum Üben sozialer Fertigkeiten geschaffen wird.

Um diesem Bedarf zu begegnen, sind Trainer gefragt, die selbst sozial kompetent sind, und somit auch Soft Skills fördern und bewusst machen können. Der Trainer sollte über einen Werkzeugkasten an Methodenkompetenz verfügen. Darin sollten die verschiedensten Vorgehensweisen zur Lösung häufig vorkommender Probleme enthalten sein, wie beispielsweise Kreativitätstechniken und Rollenspiel. Er muss in der Lage sein, die richtige Methode zum jeweiligen Thema beziehungsweise Problem einzusetzen, und sie muss mit seiner Person stimmig sein.

Wie aber steht es mit der Möglichkeit, das Vorhandensein und die Ausprägung der Sozialkompetenz eines Einzelnen zu beurteilen? – Soft Skills können nur unzulänglich durch Papier- und Bleistifttests erfasst werden, da die soziale Interaktion fehlt. Einen Fortschritt stellen hier ohne Zweifel multimediale Testverfahren dar. Die Kommunikationsfähigkeit, Kompromissbereitschaft, Teamfähigkeit, Flexibilität und die analytischen Fähigkeiten werden mit Online-Spielen festgestellt, denen dann oft ein gezieltes Trainingsprogramm für den Testanten folgt, um die Defizite bewusst zu machen und abzubauen.

In Assessment-Centers werden häufig Soft Skills geprüft – eine beliebte, aber auch umstrittene Methode, Teamgeist und Kommunikationsverhalten von Bewerbern zu testen. Bewerber, die sich in solchen Vorstellungsveranstaltungen als teamfähig und sozial kompetent präsentieren, fertigen durch die Demonstration dieser weichen Fertigkeiten ihre Konkurrenten oft knallhart ab. Selbstdarstellung pur, vielleicht verlogen, verstellt? Man spricht dann von einer Form von Bewerberprostitution.

Bestehende Prüfungsformen werden zurzeit auf die Möglichkeit hin untersucht, auch soziale Fähigkeiten mit zu berücksichtigen. Hier ist die Versicherungswirtschaft Vorreiter, die in ihren Prüfungen zum Versicherungskaufmann Aspekte der Soft Skills im Prüfungsteil »Kundenberatungsgespräch« in Form von Rollenspiel testet.

Nicht zuletzt stellt sich die Frage nach geschlechterspezifischen Soft Skills. Denn eigentlich liegt es nahe, auf der weiblichen Seite eine höhere soziale Kompetenz zu erwarten als in dem männlichen Gegenpart.

Und schließlich könnte es sich vielleicht um ein nationales Thema handeln. Aber auch hier zeigt sich die Globalisierung, auch international sind Soft Skills ein wichtiger Bestandteil in der Bildungsdiskussion, das zeigt sich unter anderem auch in den vielen EU-geförderten Projekten.

Begriffsdefinitionen

Die begriffliche Ein- und Zuordnung stößt – wie man nachfolgend sieht – immer wieder an Grenzen! Es gibt vielfältige Zugänge, die in den verschiedenen Fachbereichen unterschiedlich aufgefasst werden. Die Definition der einzelnen Begriffe wurde hier vor allem unter den Gesichtspunkten der beruflichen Fort- und Weiterbildung vorgenommen.

Schlüsselqualifikationen

Unter Schlüsselqualifikationen versteht man die Fähigkeiten, das Wissen, das Können und die Einstellung, mit denen wiederkehrende Situationen und Aufgaben im Alltag und Berufsleben gelöst werden. Sie umfassen neben dem grundlegenden Wissen und Können zur Aufnahme und Verarbeitung von Informationen auch die sozialen Kompetenzen.

Das Problem besteht darin, dass der Begriff »Schlüsselqualifikation« nicht klar definiert werden kann. Dies erschwert die Zuordnung der unüberschaubaren Anzahl von Fähigkeiten, Fertigkeiten. In der Literatur der verschiedensten Fachrichtungen werden einige Hundert Schlüsselqualifikationen genannt. Als Oberbegriff für die Bündelung von Schlüsselqualifikationen wird oft die berufliche Handlungskompetenz bezeichnet. Klar ist der Ausdruck Kompetenz nur insofern, als er sich deutlich abhebt von seinem Gegenteil der Inkompetenz. Doch ist völlig offen, in welchem Verhältnis Kompetenz zu ähnlichen alten und aktuellen Ausdrücken wie Fähigkeiten, Skills (Können), Qualifikation, Schlüsselqualifikation, Potenzial, Know-how steht.

Im Berufsleben ist zunächst die Fachkompetenz entscheidend. Daneben haben sich folgende Schlüsselqualifikationen herauskristallisiert:

Methodenkompetenz

Methodenkompetenz bedeutet die Fähigkeit, über einen »Werkzeugkasten« an Methoden zu verfügen und auch je nach Bedarf entsprechend sinnvoll einzusetzen. Zu wichtigsten Methoden gehören:

- Moderieren,
- Projektmanagement,
- Präsentieren,
- Visualisieren,
- Strategien entwickeln,
- Zeitmanagement.

Persönliche Kompetenz (Selbstkompetenz)

Mit persönlicher Kompetenz sind die Möglichkeiten gemeint, eigene Fähigkeiten und Vorzüge im beruflichen Umfeld einzubringen, zum Beispiel:

- Flexibilität,
- Initiative,
- Kreativität,
- Innovation,
- Auftreten,
- Führung,
- Intuition,
- Ausdrucksvermögen sowie
- das persönliche Erscheinungsbild.

Soziale Kompetenz (Social Skills)

Soziale Kompetenz beinhaltet innere Haltung und äußeres Verhalten

Mit dem Begriff »soziale Kompetenz« wird eine Vielzahl von Fähigkeiten, Einstellungen, Verhaltensweisen und Persönlichkeitsmerkmalen bezeichnet, die sich sowohl auf die innere Haltung wie auch auf das äußere Verhalten beziehen und für die erfolgreiche gesellschaftliche Interaktion erforderlich ist. Dabei hängt es von der Situationsangemessenheit ab, ob die jeweiligen Verhaltensweisen als sozial kompetent bezeichnet werden können, da in der Interaktion am Arbeitsplatz beispielsweise mit Vorgesetzten, Kollegen oder Kunden unterschiedliche Verhaltensweisen eine Rolle spielen, dazu zählen:

- Kommunikation,
- Kooperation,
- Einfühlungsvermögen,
- Integrationsfähigkeit,
- Teamfähigkeit,
- Motivation,
- Kontaktfähigkeit,
- Konfliktfähigkeit sowie
- Kritikfähigkeit.

Soft Skills, interkulturelle Kompetenz und emotionale Intelligenz

Soft Skills

Was man im Deutschen unter »sozialer Kompetenz« versteht, wird im allgemeinen angelsächsischen Sprachgebrauch als »Soft Skills« (weiche Fähigkeiten) bezeichnet. Hierunter hat sich ein ganzer Katalog von Fähigkeiten herausgebildet, die je nach Berufsbild unterschiedlich gefragt sind.

»Soft Skills« begegnen wir heute immer häufiger in Stellenanzeigen, Bewerbungsgesprächen und Assessment-Center. »Hard Skills« (harte Fähigkeiten), unter denen das Fachwissen verstanden wird, werden dabei stets vorausgesetzt.

Der Begriff »Soft Skills« ist theoretisch wie empirisch nur wenig fundiert. Der Spielraum für willkürliche Auslegungen und Interpretationen ist damit relativ hoch. Aufgeführt werden in der Regel

- Menschenkenntnis,
- Selbstbewusstsein,
- Kreativität,
- Einfühlungsvermögen,
- Durchsetzungsvermögen,
- Vertrauenswürdigkeit,
- Kritikfähigkeit und
- die Fähigkeit, andere begeistern zu können.

Die folgenden Kompetenzen sind im beruflichen Umfeld besonders gefragt:

- Kommunikationsfähigkeit,
- Teamfähigkeit (schnelle und reibungslose Integration in einer Gruppe, um gemeinsam erfolgreich zu arbeiten, aber auch Leitungsaufgaben innerhalb der Gruppe übernehmen zu können),
- Kooperations- und Koordinationsfähigkeit,
- Konfliktfähigkeit.

Wenn auch die begriffliche Einordnung umstritten ist, herrscht jedoch allgemeine Übereinstimmung, dass Schlüsselqualifikationen, hier besonders die soziale Kompetenz und die aufgeführten Soft Skills, zielgerichtet im Hinblick auf das spezielle Berufsbild sowie für berufliche Situationen gefördert und entwickelt werden sollen.

Hierbei sollte laut Schuler/Barthelme (1995) das Konstrukt »soziale Kompetenz« in zwei Kompetenzgruppen unterteilt werden. Die erste Gruppe umfasst die Komponenten von sozialer Kompetenz, die einen konkreten Verhaltensbezug aufweisen. Diese sind aus dem Handeln der Person direkt ersichtlich. Diese »Social Skills« (soziale Fertigkeiten) zeigen sich im Handeln der Person in der Interaktion mit anderen. Hierzu zählen:

- Kommunikationsfähigkeit,
- Kooperations- und Koordinationsfähigkeit,
- Konfliktfähigkeit,
- Teamfähigkeit.

Diese Fähigkeiten können bis zu einem bestimmten Grad trainiert werden. Der zweiten Kompetenzgruppe, die an das zwischenmenschliche Verhalten von Personen angelegt ist, kommt eher eine erklärende Rolle für das Zustandekommen von sozial kompetentem Verhalten zu. Diese Anforderungen sind nicht direkt beobachtbar. Man versucht stattdessen, sie sich aus der Art des Verhaltens zu erschließen. Zu dieser Gruppe gehören schwerpunktmäßig die Fähigkeiten:

- Empathie,
- Durchsetzung,
- Sensibilität,
- interpersonale Flexibilität.

Sie sind als Charaktereigenschaften der Persönlichkeit des Einzelnen vorhanden – oder auch nicht. Die vorhandenen Veranlagungen können verstärkt oder gefördert werden.

Interkulturelle Kompetenz

Der immer wieder genannte Begriff »Interkulturelle Kompetenz« wird als Anforderung an Arbeitnehmer im Zeitalter der Globalisierung formuliert, wurde jedoch bisher noch nicht klar definiert. Sicher ist, dass es sich um eine Steigerung der sozialen Kompetenzen handelt. Besonders gefragt sind hierbei Selbst- und Fremdwahrnehmung, das Wissen um andere Kulturen, Kommunikationsfähigkeit, die sich nicht nur auf die sprachliche und kognitive beschränkt, sondern auch die nonverbale Ebene mit einbezieht.

Interkulturelle Kompetenz ist absolut notwendig für Auslandsaufenthalte

Interkulturelle Kompetenz als individuelle Fähigkeit ist das Ergebnis eines interkulturellen Lernprozesses, der als komplex, vielschichtig und langfristig zu beschreiben ist und auf die Entwicklung verschiedenster Schlüsselqualifikationen abzielt, die in ihrer Bündelung als interkulturell benannt werden können. Sie können nur in kulturell gemischten Gruppen erfahren werden, um neue Sichtweisen zu ermöglichen.

Das Verständnis für andere Denk- und Verhaltensweisen ist extrem wichtig besonders für diejenigen, die für einige Zeit ins Ausland gehen möchten. Mit gutem Willen und ein paar Verhaltensregeln allein ist es nämlich nicht getan.

Emotionale Intelligenz

Lange Zeit galt der »Intelligenzquotient« (IQ) als Maßstab für abstrakte, rationale, logische und verstandesbetonte Intelligenz und oft als Garant für den Erfolg eines Menschen. Statistiken belegen, dass der berufliche Erfolg aber nur zu 20 Prozent von der klassischen Intelligenz bestimmt wird.

1990 wurde die Idee von der Existenz einer emotionalen Intelligenz von den amerikanischen Psychologen John D. Mayer und Peter Salovey entwickelt. Sie bezeichnen diese Fertigkeit als die Fähigkeit, intelligent mit den eigenen Gefühlen und den Empfindungen anderer umzugehen und sie zu verstehen. Professor John D. Mayer ist der Meinung, dass der Glaube, emotionale Intelligenz würde beim beruflichen Vorwärtskommen helfen, unbegründet ist.

Der amerikanische Psychologe Daniel Goleman popularisierte mit seinem Buch »Emotionale Intelligenz« 1995 diesen Begriff. Durch die große Resonanz auf das Buch ist das Thema »Gefühle und Emotionen im Management« in die Diskussion gekommen. Das Verständnis von Intelligenz wurde dadurch verändert.

Um mit den eigenen und mit den Gefühlen anderer klug umzugehen, sind nach Golemann fünf Eigenschaften maßgeblich:

- Selbstwahrnehmung (Selbstreflektion),
- Selbstkontrolle,
- Selbstmotivation,
- Empathie und
- soziale Kompetenz.

In seinem zweiten Buch »EQ2, Der Erfolgsquotient« (1999) beschreibt Goleman wie wichtig die emotionale Intelligenz der Menschen für die Wirtschaft ist. Er geht davon aus, dass in Unternehmen, die emotionale Intelligenz mit ihren Mitarbeitern leben, der Gewinn höher ist als in Unternehmen, in denen emotionale Intelligenz nicht gepflegt wird.

Selbsttest zur Überprüfung der emotionalen Intelligenz

Zahlreiche Bücher bieten mittlerweile Selbsttests zur Überprüfung der emotionalen Intelligenz an, häufig verbunden mit Übungsvorschlägen und praktischen Hinweisen zu ihrer Förderung. Im Jahr 2000 hat ein amerikanisches Psychologenteam Fragebögen zur emotionalen Intelligenz statistisch untersucht mit dem Ergebnis »Von der emotionalen Intelligenz bleibt wenig übrig, das einzigartig und testtheoretisch solide wäre«. Erstaunlich war, dass die gleichen Testpersonen bei wiederholter Durchführung des Tests immer andere Ergebnisse hatten.

In seinem neuesten Buch (2002) beschäftigt sich Goleman mit der »Emotionalen Führung«. Seine Kernbotschaft lautet darin: »Wer gute Mitarbeiter behalten will, muss zur emotional intelligenten Führungskraft heranreifen, denn die Leute trennen sich nicht von Unternehmen, sondern nur von schlechten Chefs.« (Wirtschaftswoche 2002, Nr. 12) Er weist darauf hin, dass es die Hauptaufgabe einer Führungskraft ist, sich persönlich so zu verhalten, dass die Mitarbeiter ihr Bestes geben können, um gewinnorientiert arbeiten zu können.

Förderung der sozialen Kompetenz in Elternhaus und Schule

Die Entwicklung zur sozialen Kompetenz vollzieht sich in den verschiedenen Entwicklungsstufen des Kleinkind-, Schulkind- und Jugendalters in der persönlichen Prägung. Erst der erwachsene Mensch entwickelt das Bedürfnis und die Verantwortung zur Selbsterziehung. Dies gilt auch für die sozialen Fähigkeiten, die ständig geübt werden müssen, wie beispielsweise das Spielen eines Musikinstruments.

Das Elternhaus: Fundament der sozialen Kompetenzen

Startvorteil für Kinder, die gefordert und gefördert werden

In den ersten Lebensjahren wird die Sozialkompetenz unter anderem durch Nachahmung erworben. Hieraus erwächst ein zunehmend bewusstes Lernen an Vorbildern. Die Anlage eines Fundaments von sozialer Kompetenz durch die Familie wird immer mehr in Frage gestellt, wenn die Erziehung in oft unvollständigen Familien stattfindet oder von der Außenwelt zweifelhafte mediale Vorbilder wie TV, Video, Computer, Einfluss nehmen. Einen Startvorteil haben Kinder, die von ihren Eltern gefordert und gefördert werden und denen positive Lebensperspektiven aufgezeigt werden. Dazu gehören unter anderem der Informationsvorsprung, die Netzwerke und Beziehungen, persönliche und soziale Kompetenzen, wie zum Beispiel Konfliktfähigkeit, die im Elternhaus gepflegt und daher antrainiert werden.

Der Soziologe Professor Michael Hartmann hat in seinen Studien festgestellt, dass das so genannte gehobene Bürgertum die Spitzenpositionen der deutschen Wirtschaft dominiert. Die Herkunft aus dieser Bürgerschicht, also Kinder von leitenden Angestellten, von höheren Beamte, freiberuflichen Akademikern usw., haben eine deutlich höhere Chance, Führungspositionen einzunehmen. Überdurchschnittlich häufig sind sie Klassensprecher und übernehmen später Verantwortung und Engagement im Rahmen ihrer Freizeitaktivitäten und an der Universität. Für die Bündelung persönlichkeitsrelevanter Faktoren wie Selbstsicherheit und Souveränität, Auftreten und Stil, die man in die Wiege mitbekommt oder eben auch nicht, verwenden Personalberater sowohl den Ausdruck »Soziale Kompetenz« wie auch den der »Kernkompetenz« (Hartmann 1995).

Die Vorsitzende der Gewerkschaft Erziehung und Wissenschaft (GEW), Eva-Maria Stange, forderte eine viel bessere Förderung der Kleinen vom Kindergarten an. Dieser müsse von einer Halbtagseinrichtung in eine ganztägige »Kinderschule« umgewandelt werden, mit spielendem kindgerechten Lernen ... Notwendig sei eine »Qualitätsoffensive für bessere Schulen« ... »Andere Länder fördern ihre Kinder, wir lesen aus.« (Aus: FAZ.Net 4.12.2001 zum Schulleistungstest »Pisa«)

»Soziales« Lernen in der Schule

Es ist klar, dass die Schulen in Deutschland ihre Qualität verändern und verbessern müssen. Die Schule kann nicht mehr nur ein Ort der Wissensvermittlung sein, sondern muss heute zugleich Schlüsselqualifikationen wie Kreativität, Befähigung zu Konfliktbewältigung, Toleranz und Verständnis für andere, Sozial- und Kooperationsfähigkeit vermitteln und zur eigenverantwortlichen Lebensführung anleiten.

> »Alles pennt
> und einer spricht,
> das Ganze nennt man
> Unterricht.«
>
> *Schülerweisheit*

»In der internationalen Schulforschung hat sich gezeigt, dass für den Lernerfolg von Schülern beziehungsweise für die Wirksamkeit von Schule das Bestehen eines verbindlichen Schulethos im Sinne einer gemeinsamen Grundstruktur entscheidend ist, wie beispielsweise:

- Eine auf die ganze Persönlichkeit des Schülers gerichtete Lern- und Leistungsorientierung.
- Ein Grundkonsens im Kollegium über die Zielorientierung schulischer Arbeit.
- Die Einbeziehung der Elternschaft.
- Die Stärkung der Eigenverantwortlichkeit der Schüler.
- Eine Vertrauen schaffende Umgebung.
- Eine hohe Eigenanforderung der Lehrer.
- Ein gewaltfreies Klima.
- Ein Zusammengehörigkeitsgefühl.

Hierzu gehört auch das Bekenntnis zur Leistung. Leistung in diesem Sinne ist aber nicht nur das kognitive, abfragbare Wissen, sondern anerkennt stärker als in der »Wissensschule« bisher üblich soziale Kompetenzen und Gestaltungsfähigkeiten.« (Prof. Frank-Rüdiger Jacht, Handelsblatt 1.12.2000)

Hier haben Schulen in freier Trägerschaft eine Vorbildfunktion.

Der Deutsche Lehrerverband sieht das anders, in seinem Memorandum vom April 2001 heißt es im Kapitel »Zusammenwirken von Elternhaus und Schule«: »Undisziplinierte Verhalten von Schülern beeinträchtigt den Bildungsauftrag der Schule ungemein. Eltern haben also im Interesse ihrer eigenen Kinder und im Interesse der anderen Schüler die Pflicht, dafür zu sorgen, dass sich ihre Kinder ein Sozialverhalten und Sprachniveau aneignen, das ein konstruktives Arbeiten in der Schule ermöglicht.«

Sicher kann die Schule nicht gesellschaftliche Fehlentwicklungen und Erziehungsversäumnisse im Elternhaus auffangen, jedoch gehört zu ihrem Bildungsauftrag nicht nur die Wissensvermittlung, sondern bei den heutigen Anforderungen in der Berufswelt die Vermittlung von Persönlichkeitswerten. Neue Lernkulturen lösen den Frontalunterricht ab, und die persönlichen und sozialen Kompetenzen können erfahrbar gemacht werden. Lernen wird zum Abenteuer durch Stärkung der Eigeninitiative in neuen Spielräumen, mit neuen Lösungsansätzen und dann noch in Team-Arbeit!

»Offener Unterricht« schafft eine neue Lernkultur

Es gibt viele Konzepte zum »Offenen Unterricht«. Beispielsweise: das Stationenlernen, Werkstattunterricht, Wochenplanunterricht, Projektunterricht sowie das Freie Arbeiten. Hierzu gibt es für den Lehrer die unterschiedlichste Literatur, jedoch gilt für Lehrer das Gleiche wie für Trainer (siehe Kapitel »Trainer«): Er muss die Methode selbst erlebt und ausprobiert haben und genau einordnen können, welche er für sich, seine Schüler und in welcher Lernsituation anwendet. Der Lehrer vermittelt nicht nur Fakten, er steht den Schülern beratend und die Lernprozesse begleitend zur Seite. Jedoch ist das Abarbeiten von einer Fülle differenzierter Aufgaben in einer vorgegebenen Zeit unter Einsatz der verschiedenen Methoden noch keine Form des offenen Lernens!

Anfang der 80er-Jahre wurde die Methode »Lernen durch Lehren« (LdL) entwickelt. Um die Aktivität im Unterricht zu steigern, werden Lernfunktionen auf die Schüler übertragen. Durch diese Methode werden Schlüsselqualifikationen vermittelt, die Schüler in der modernen Arbeitswelt benötigen:

- Die Präsentation des neuen Stoffes verlangt von den Schülern, dass sie sich zunächst einen Überblick verschaffen, Wichtiges von Unwichtigem unterscheiden und die relevanten Stoffteile auswählen. Somit wird die Fähigkeit geübt, in komplexen Zusammenhängen zu denken und die Stoffkomplexität im Hinblick auf die Vermittlung zu reduzieren.
- Bei der Vorbereitung auf die Präsentation in Partnerarbeit werden die Teamfähigkeit sowie das Einfühlungsvermögen gefördert.

- Bei der Vorstellung des Stoffes werden Präsentationstechniken eingeübt, es wird die Kommunikationsfähigkeit gefördert.
- Schließlich wird das Selbstbewusstsein bei den zahlreichen Präsentationen vor der Klasse gefördert sowie die Fähigkeit, eine größere Gruppe zu motivieren (nach: Jean-Pol Martin).

EVA = eigenverantwortliches Arbeiten und Lernen

Über 20 Jahre arbeitet der Pädagoge Dr. Heinz Klippert an Konzepten zur Verbesserung des schulischen Unterrichts. Sein Ansatz ist eine auf den Unterricht bezogene Schulentwicklung, die sich auf eigenverantwortliches Arbeiten und Lernen, kurz EVA, der Schüler in Methodenkompetenz, Kommunikation und Teamfähigkeit richtet. In seinen Büchern spricht er von dem »neuen Haus des Lernens«. Er trainiert Lehrer an den verschiedensten Instituten als Moderatoren, Organisatoren, Lernberater und Impulsgeber.

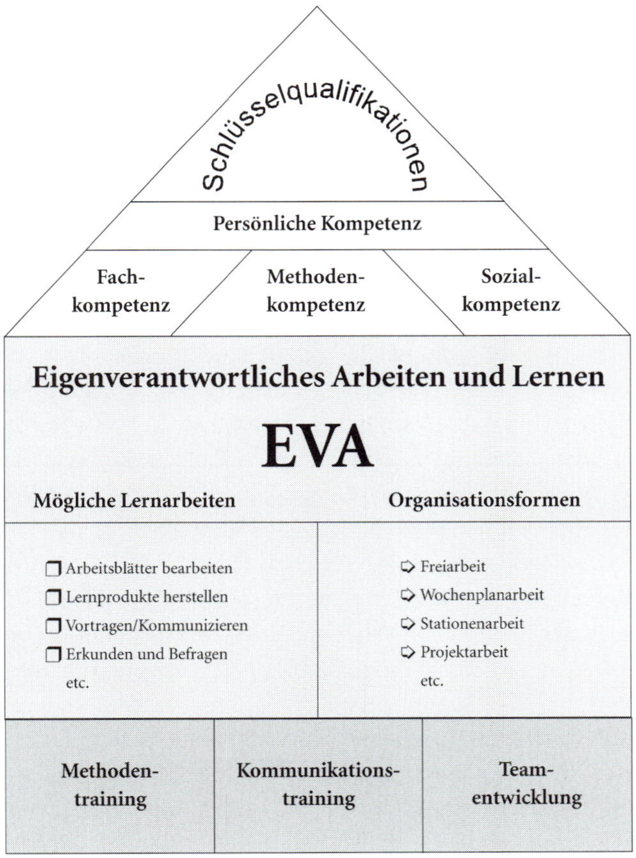

Das neue Haus des Lernens (aus: Klippert/Müller 2003, S. 42)

Unter den in der Abbildung angedeuteten Sockelqualifikationen versteht Dr. Klippert das Einüben elementarer Lern- und Arbeitstechniken, zum Beispiel Nachschlagen, Markieren, Strukturieren und Visualisieren. Es folgt die Schulung grundlegender Argumentations- und Kommunikationstechniken. Drittens erfolgt die systematische Kultivierung von Teamfähigkeit durch abwechslungsreiche Übungen und Denkprozesse. Klippert ist der Meinung, dass das eigenverantwortliche Arbeiten und Lernen auf ziemlich tönernen Füßen ohne die methodenzentrierten Übungs- und Klärungsarbeiten steht.

Dies alles sind Beispiele für Möglichkeiten, wie Schule und Elternhaus auf die Anforderungen und Erwartungen der Wirtschaft an die allgemein bildenden Schulen reagieren könnten.

Neue Methoden haben Hochkonjunktur

Da in den letzten Jahren offenkundig geworden ist, dass trotz aller Reformen die Schulleistungen immer schlechter wurden, und zwar keineswegs nur die kognitiven, sondern auch die sozialen Fähigkeiten, haben neue Methoden nicht nur in Europa Hochkonjunktur.

Die Unternehmen stellen bereits bei den Bewerbungen fest, dass es an Eigeninitiative, fachlicher Neugier und oft auch an echtem Interesse am Beruf bei vielen Jugendlichen mangelt. Ganz zu schweigen von dem Grundwissen, welches die Schulabgänger für ihre Ausbildung mitbringen sollen, wie eine Langzeitstudie von 1975–1995 über Rechtschreib- und elementare Rechenkenntnisse bei Ausbildungsplatzbewerbern der BASF zeigt.

»Welche persönlichen und sozialen Eigenschaften sind neben den Hard Skills Voraussetzung für die Zusammenarbeit in einem Unternehmen und sollten deshalb bei den jungen Menschen ausgebildet sein?
Persönliche Kompetenzen: Junge Menschen müssen lernen, die ihnen übertragenen Aufgaben genau und verlässlich zu erfüllen. Hierbei ist es notwendig, dass sie im Rahmen der Möglichkeiten selbstständig arbeiten, notwendige Veränderungen aus eigener Initiative anstoßen und – wo nötig – bereit sind, Verantwortung zu übernehmen. Gleichzeitig müssen sie ihr eigenes Tun selbstkritisch reflektieren und im Dienste der Sache konstruktiv Kritik üben können. Der sich immer rasanter vollziehende Wandel in der Arbeitswelt erfordert zudem in immer stärkerem Maße, dass junge Menschen aufgeschlossen sind für Neues. Ausbildende Unternehmen erwarten deshalb von ihnen im wahrsten Sinne des Wortes Neugier und Bereitschaft, sich auch selbstständig um neues Wissen zu bemühen.
Soziale Kompetenzen: Unternehmen sind Orte, an denen Menschen im Zusammenwirken mit anderen einen großen Teil ihres Lebens zubringen. Sie sind Bestandteil unserer Gesellschaft. Das heißt, auch hier gelten Regeln

und müssen Einstellungen vorhanden sein, wie sie in der Gesellschaft insgesamt Gültigkeit haben.

Für die Auszubildenden bedeutet dies: Sie müssen Willens und in der Lage sein, mit anderen zu kommunizieren. An den Einsichten, die sie aus ihrem fachlichen Wissen, den Ergebnissen und Erfahrungen ihrer Arbeit gewinnen, müssen ihre Kollegen teilhaben können. Dies ist eine der grundlegenden Voraussetzungen für die in den Unternehmen immer stärker an Bedeutung gewinnende Teamarbeit.

Neben dem Austausch von Informationen ist hier die Fähigkeit gefragt, passende Arbeits- und Ablaufstrukturen im Team zu entwickeln. Zu all dem gehört zwingend die Bereitschaft, im Umgang mit anderen auf aggressives Verhalten zu verzichten und dem Gegenüber höflich und freundlich zu begegnen. Dies gilt im Besonderen dann, wenn Konflikte zu Tage treten: Diese müssen im Gespräch und ohne Aggression verarbeitet und gelöst werden. Grundvoraussetzung hierfür ist eine sittliche Einstellung, die Achtung der Würde des jeweils anderen in den Mittelpunkt stellt.« (Prof. Klaus Kiepe, Ausbildungsleiter bei der BASF, 1997)

Es ist erwiesen, dass die meisten Jugendlichen in der Ausbildung vor allem handlungsorientiert sind, das heißt, für sie ist nicht »Pauken« angesagt, sondern »learning by doing«. Hier muss in der Weiterbildung angesetzt werden.

In Modellversuchen Schlüsselqualifikationen erproben

In Berufsschulen und Ausbildungsbetrieben gibt es eine Reihe von Modellversuchen durch didaktische Konzepte, beispielsweise Handlungsorientierung und fächerübergreifenden, projektorientierten Unterricht, die Schlüsselqualifikationen zu erproben.

TheoPrax, ein Lehrkonzept, entwickelt von Peter Eyerer, versucht, so die viel beklagte Kluft zwischen Schule, Wissenschaft und Berufspraxis zu überbrücken. Beispielsweise die berufsbildende Schule für Wirtschaft in Ludwigsburg kooperierte mit einer Pharmafirma, welche die Schüler mit einer bezahlten Umfrage zum Thema »Arzt-Patient-Verhältnis« beauftragte. In Interviews sollten die Schüler herausfinden, was den ersten Eindruck in einer Praxis bestimmt, was im Gespräch mit dem Arzt wichtig ist und worauf die Patienten achten. Die Schüler konzipierten selbstständig Fragebögen, wobei die Form der statistischen Auswertung berücksichtigt wurde. Die Jugendlichen erhielten bei ihrer Umfrage in ihrem Bekanntenkreis wesentlich offener Antworten als dies professionellen Meinungsforschern möglich gewesen wäre. Die abgeschlossene Studie wurde in dem Pharmaunternehmen von den motivierten Schülern überzeugend präsentiert.

Der Privatinitiative von Peter Eyerer ist es zu verdanken, dass rund 30 Schulen und fast 60 Firmen kooperieren. In acht Bundesländern sind bisher TheoPrax-Zentren entstanden. Voraussetzung dabei ist, dass die Projekte in den Unterricht eingebettet sind und in der Schule vor- und nachbereitet werden.

Neuorientierung und Änderung des dualen Systems sind erforderlich

Der tief greifende Wandel der Arbeitswelt erfordert eine Neuorientierung und Änderung des dualen Systems (berufliche Erstausbildung im Betrieb und Berufschule) in Deutschland nicht nur im inhaltlichen, sondern auch ganz besonders in zielgerichteter und methodischer Hinsicht. Die Prüfungen sollten neben dem theoretischen Teil einen praktischen Anteil haben. Leider bestehen hier noch große Widerstände von Seiten der Institutionen, allein nur den Frontalunterricht abzubauen.

Zusammenfassend muss gesagt werden, dass der erste Schritt die Aus- und Weiterbildung der Lehrer in allen Einrichtungen dahingehend erweitert und entsprechend abgestimmt werden muss, um langfristig ein hohes Ausbildungsniveau in Deutschland zu sichern. Diese wird auch von der Kultusminister-Präsidentin Annette Schavan gefordert, nachdem Deutschlands Schüler bei der weltweiten »Pisa«-Studie der Organisation für wirtschaftliche Zusammenarbeit und Entwicklung (OECD) 2001 ein katastrophales Zeugnis erhalten haben.

High Potentials in Unternehmen

Jeder Student träumt davon, nach dem Studium Nachwuchschef bei einem renommierten Unternehmen zu werden. Das Diplom reicht aber nicht aus, um diesen Traum zu erfüllen. Gefragt sind die so genannten »High Potentials«.

Die gefragten »High Potentials«

Zu den »High Potentials« gehören besonders gute Hochschulabsolventen, die nicht nur ein hervorragendes Fachwissen mitbringen, sowie die Absolventen, die ihre ersten Leistungen im Unternehmen bereits erbracht haben. Sie sind im Durchschnitt 25–35 Jahre alt. Von den normalen Hochschulabgängern unterscheiden sie sich durch:

- interdisziplinäres Denken,
- erkennbares Führungspotenzial,
- soziale Kompetenz,
- überdurchschnittliche Problemlösungskompetenz.

Unternehmen versuchen daher, Studenten, die für sie interessant erscheinen, durch Praktika, praxisorientierte Diplom- und Doktorarbeiten unverbindlich kennen zu lernen und sie eventuell frühzeitig an sich zu binden.

Gut ausgebildete Nachwuchskräfte werden dringend benötigt

Denn: Unternehmen benötigen gut ausgebildete Nachwuchskräfte von den Hochschulen, um wettbewerbsfähig zu bleiben. Sie erwarten neben dem reinen Fachwissen von den Absolventen hohe Leistungsbereitschaft und ein starkes Engagement. Leider fehlt vielen Studenten nach ihrem Hochschulabschluss der Bezug des Studiums zur Praxis, dies erschwert ihnen und den Unternehmen den Einstieg in die Berufswelt. Die für eine Karriere erforderlichen Schlüsselqualifikationen wurden oft im Umfeld nicht gefordert oder gefördert und werden jetzt bei den Berufseinsteigern ein wichtiges Kriterium.

In Unternehmensbefragungen (beispielsweise durch Kienbaum und das Institut der deutschen Wirtschaft, Köln) wurden besonders folgende Mängel bei Hochschulabsolventen aufgeführt:

- mangelnde Kundenorientierung,
- fehlende Kommunikationsstärke,
- wenig ausgeprägte Teamfähigkeit,
- fehlende Praxiserfahrung.

Mit Abstand am wichtigsten bewerten die Unternehmen die Orientierung der Mitarbeiter an den Kundenbedürfnissen: 77 Prozent halten diese für sehr wichtig. Von 71 Prozent der Unternehmen wird die Kooperation in Teams mit sehr wichtig bewertet. Weit mehr als die Hälfte erwartet von den Mitarbeitern unbedingt Fähigkeiten in den Bereichen Kommunikation und Personalführung. Lediglich interkulturelle Kompetenz wird deutlich seltener für wichtig gehalten (s. Werner 1999).

Die »High Potential Studie« des Beratungsunternehmens Kienbaum im Jahre 2000 sowie eine Unternehmensbefragung zum Thema »Möglichkeiten zur Förderung des Erwerbs von Schlüsselqualifikationen durch Studierende« des Instituts der deutschen Wirtschaft Köln (Werner 1999) haben auch gezeigt, dass sich die Unternehmen Folgendes von den Studienabgängern wünschten:

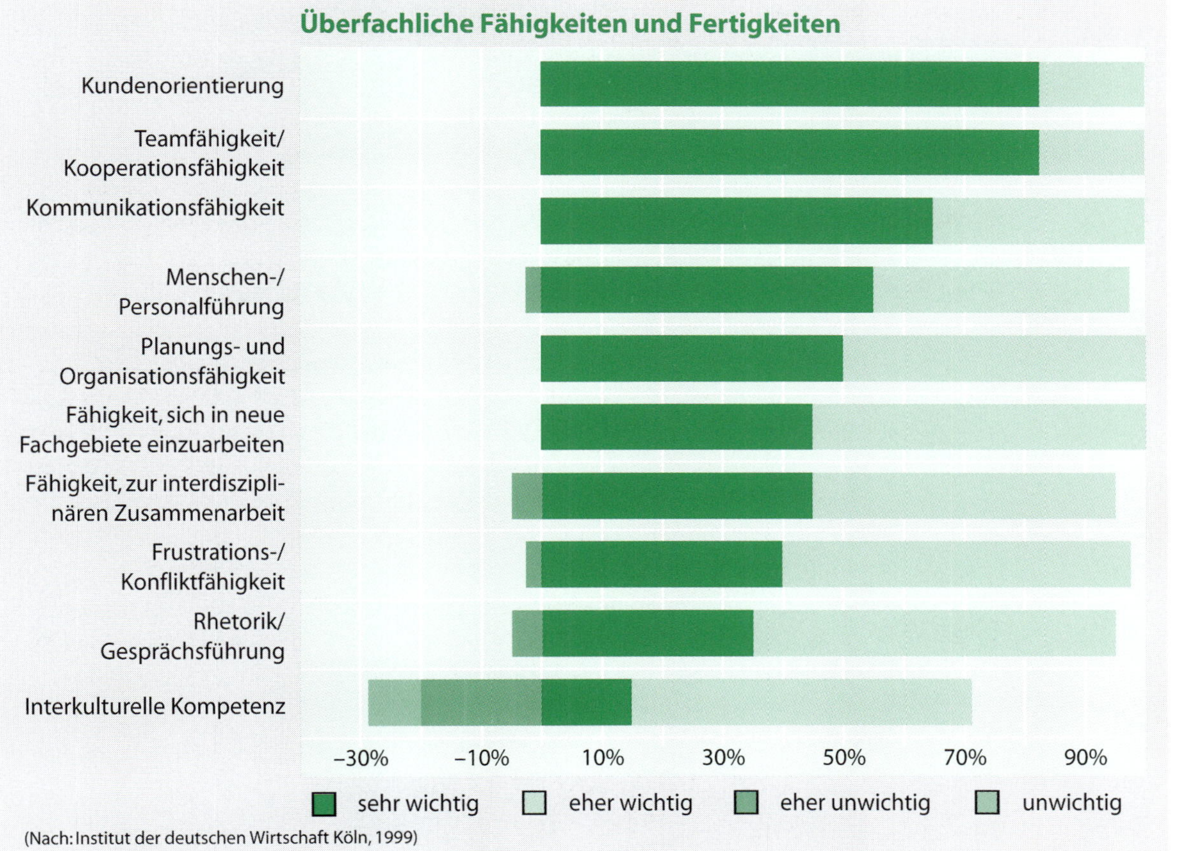

(Nach: Institut der deutschen Wirtschaft Köln, 1999)

- eine größere Fähigkeit zur Selbstkritik,
- mehr Führungspotenzial,
- ein besseres Sozialverhalten,
- Integrationsfähigkeit,
- weniger überzogene Anspruchshaltungen,
- weniger Ansätze zur Arroganz,
- mehr Lernfähigkeit und -potenzial,
- die Fähigkeit zum vernetzten Denken sowie
- eine bessere Problemlösungskompetenz.

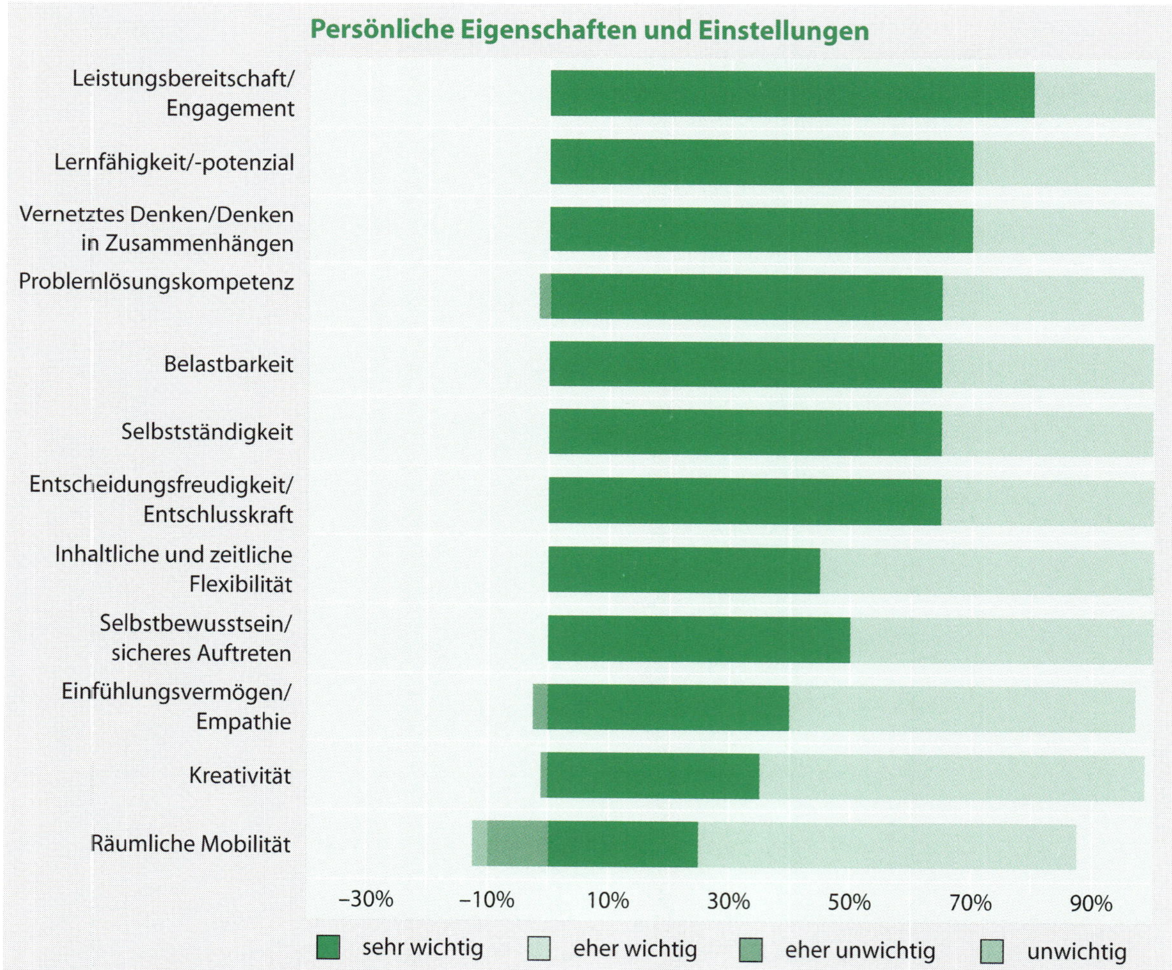

(Nach: Institut der deutschen Wirtschaft Köln, 1999)

Das Persönlichkeitsmerkmal mit der größten Relevanz ist aus Unternehmersicht die Leistungsbereitschaft und das Engagement von akademisch qualifizierten Mitarbeitern. Drei Viertel der Betriebe stufen diese als sehr wichtig ein. An zweiter Stelle folgt Lernfähigkeit und -potenzial, die 62 Prozent für sehr wichtig erachten. Weiterhin von der Mehrzahl der Betriebe werden vernetztes Denken, Problemlösungskompetenz, Belastbarkeit, Selbstständigkeit und Entscheidungsfreudigkeit sowie Entschlusskraft für die berufliche Handlungskompetenz von Akademikern als besonders relevant gehalten. Räumliche Mobilität, Kreativität sowie Einfühlungsvermögen und Empathie sind im Kanon der persönlichen Eigenschaften nachrangig von Bedeutung (Werner 1999).

»Der Mensch hat dreierlei Wege, klug zu handeln: erstens durch Nachdenken, das ist der edelste, zweitens durch Nachahmen, das ist der leichteste, und drittens durch Erfahrung, das ist der bitterste.«
Konfuzius

Das Kölner Staufenbiel-Institut hat in einer Studie herausgefunden, dass die internationale Qualifikation im vergangenen Jahrzehnt an Bedeutung gewonnen hat. Die Befragung von führenden deutschen Unternehmen ergab folgende Zahlen: 1991 wurden von knapp 30 Prozent der Unternehmen Fremdsprachenkenntnisse von den Bewerbern verlangt – heute sind es 64 Prozent. 1991 war »Auslandserfahrung« nur bei 1,7 Prozent der befragten Unternehmen ein wichtiges Einstellungskriterium – heute sind es 46 Prozent.

Das Hochschul-Informations-System (HIS) in Hannover verfolgt seit Jahrzehnten die soziale Herkunft deutscher Studienanfänger. Die neueste Umfrage zeigt, dass der Akademikeranteil bei den Vätern von Studienanfängern fünfmal so hoch liegt wie der Bevölkerungsanteil. Zwischen 1993 und 1999 hat der Anteil der akademisch gebildeten Eltern von Studenten um neun Prozent zugenommen. In den neuen Bundesländern ist diese Tendenz noch ausgeprägter.

Obwohl der deutsche Adel mit dem Ende des Ersten Weltkrieges sämtliche Privilegien eingebüßt hat, so ist das »von« vor dem Nachnamen immer noch ein »Türöffner«. Ein Studienabschluss ist selbstverständlich, ebenso eine erfolgreiche, standesgemäße Beschäftigung. Persönlichkeit, Charakter, Auftreten und Souveränität sind noch heute die Erziehungsideale der Adelsfamilien. Es gibt hervorragende soziale internationale Netzwerke, von denen die Jugend in ihrer Persönlichkeitsentwicklung profitiert. Führungsqualitäten werden so quasi in die Wiege gelegt.

Müssen Hochschulen reagieren?

Die Mehrheit der Hochschulabsolventen findet ihren Beruf in der Wirtschaft. Es ist absehbar, dass deren Bedarf an Akademikern weiter steigen wird. Auf der anderen Seite werden immer weniger Akademiker eine wissenschaftliche Laufbahn einschlagen. Hochschulen müssen letztlich ihr Ausbildungsangebot an dem Bedarf ausrichten und können sich nicht den Forderungen der Wirtschaft verschließen, auch die Vermittlung von Schlüsselqualifikationen mit einzubeziehen. Die Gründe für diese Forderungen der Unternehmen sind vor allem die rasante technische Entwicklung, die auch eine ständige Anpassung der Unternehmensorganisationen zur Folge hat, und der zunehmende internationale Wettbewerb, durch den sich die Anforderungen an Produkte, Unternehmen und ihre Mitarbeiter immer schneller verändern.

Vor diesem Hintergrund sollen an den Universitäten über ein solides Fachwissen hinaus zunehmend die sozialen Kompetenzen der Studenten und Absolventen gefördert werden. Ferner ist eine stärkere Einbeziehung von Praxisprojekten und der daraus resultierenden Erfahrungen im Studium unbedingt erforderlich. Dazu bedarf es Hochschullehrer, die diese Kompetenzen im Unterricht implizit oder explizit vermitteln. Das könnte wie folgt stattfinden.

Implizite Lehrveranstaltungen

Voraussetzung hierfür ist es, eine neue Art von Lehrveranstaltungen zu entwickeln und zu organisieren, die durch spezielle Vermittlungsformen und neue methodische Gestaltung der Lehr-/Lernprozesse so dem Erwerb von Schlüsselqualifikationen dienen, dies sind:

- mehr Teamarbeit und Teamlehren,
- aufgaben- und praxisorientiertes Lernen,
- Projektarbeit,
- internationale Verbindungen, Auslandsaufenthalte.

Dabei handelt sich meist um handlungsorientierte Lernarrangements, sie enthalten komplexe Aufgabenstellungen und fördern den Teamprozess.

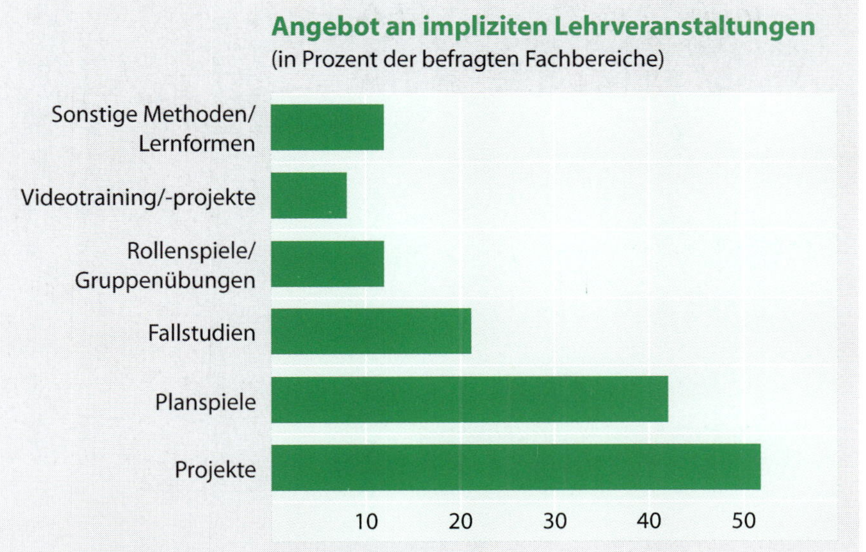

(Nach: Institut der deutschen Wirtschaft Köln, 1999)

Explizite Lehrveranstaltungen

Diese theoretischen Lehrveranstaltungen dienen heute ausdrücklich der methodisch-inhaltlichen Vermittlung bestimmter Schlüsselqualifikationen. Bei den Veranstaltungen handelt es sich um Vorlesungen, die aber leider selten mit Übungen ergänzt werden. Die Angebote an manchen Hochschulen umfassen in der Regel folgende Themen:

- Kommunikation,
- Präsentationstechniken und -methoden,
- Personalführung,
- Projektmanagement,
- Arbeitstechniken,
- Managementtechniken und Unternehmensführung,
- Teamarbeit,
- Konfliktmanagement,
- Kreativitätstraining.

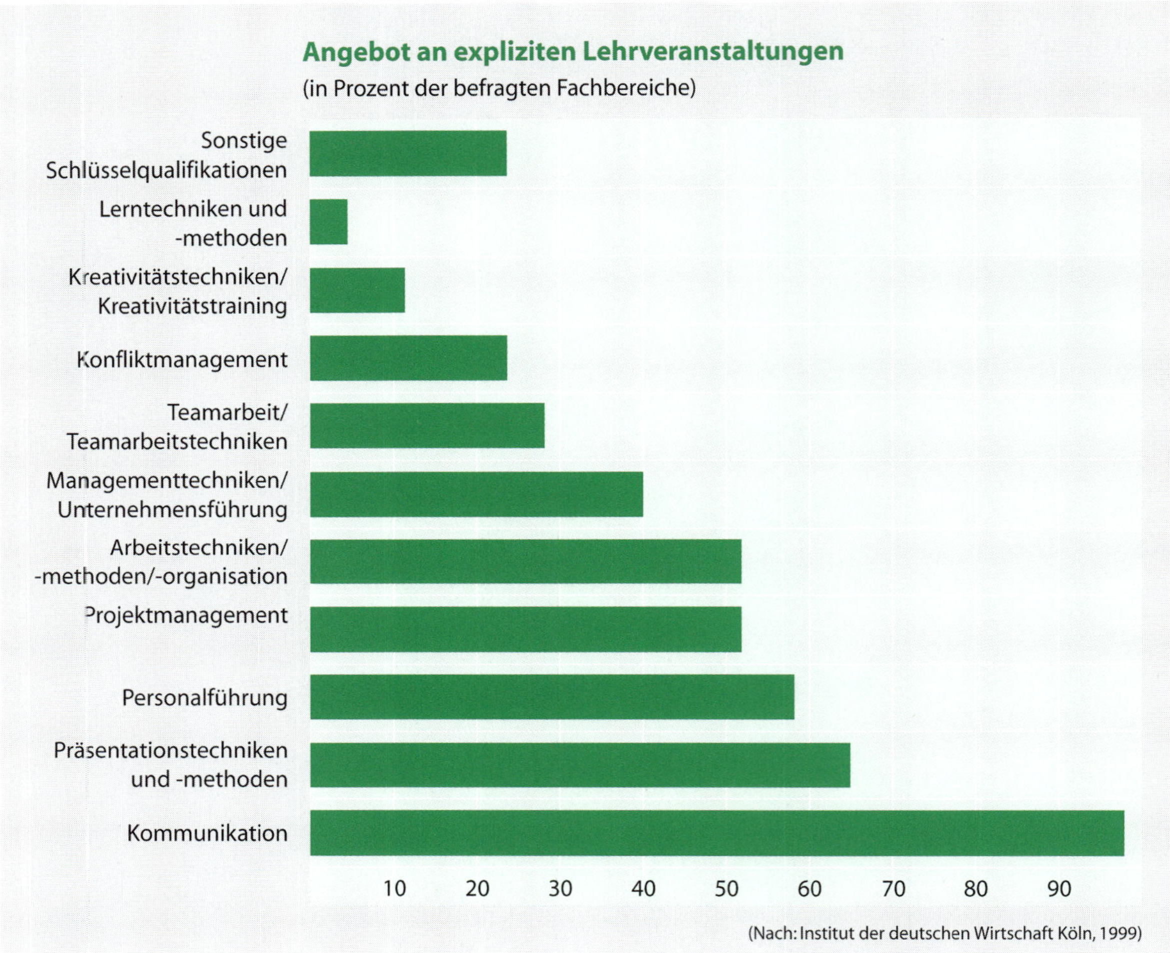

Wichtig wäre bei diesen Angeboten, dass die Lehrmethoden aus den unterschiedlichsten Bereichen kommen. Beispielsweise könnten das Neurolinguistische Programmieren (NLP) sowie die Transaktionsanalyse (TA) hier zum Einsatz kommen. Beides finden wir heute auch in den meisten Firmentrainings. Aber genauso müssten Fallbeispiele, Rollenspiele usw. eingesetzt werden.

Das Problem für Hochschulen ist aber der Mangel an ausreichend qualifizierten Dozenten, um Schlüsselqualifikationen in den – oft noch zu starren – Lehrplänen zu berücksichtigen. Häufig ist den Lehrkräften aber auch aus Zeitgründen die intensive Auseinandersetzung mit der didaktischen Gestaltung der Vorlesungen nicht möglich, da sie neben ihrer Lehrtätigkeit noch mit zeitraubenden Verwaltungsaufgaben belastet sind. Und letztlich darf nicht verschwiegen werden, dass Studenten oft mangelndes Interesse an Soft Skills signalisieren, da sie die berufliche Erfordernis noch nicht zu erkennen vermögen. Jedoch ist eine Verknüpfung von Fachinhalten und Schlüsselqualifikationen möglich und die Notwendigkeit vielen Hochschulen mittlerweile bewusst.

Hemmnisse und Hindernisse einer stärkeren Berücksichtigung von Schlüsselqualifikationen

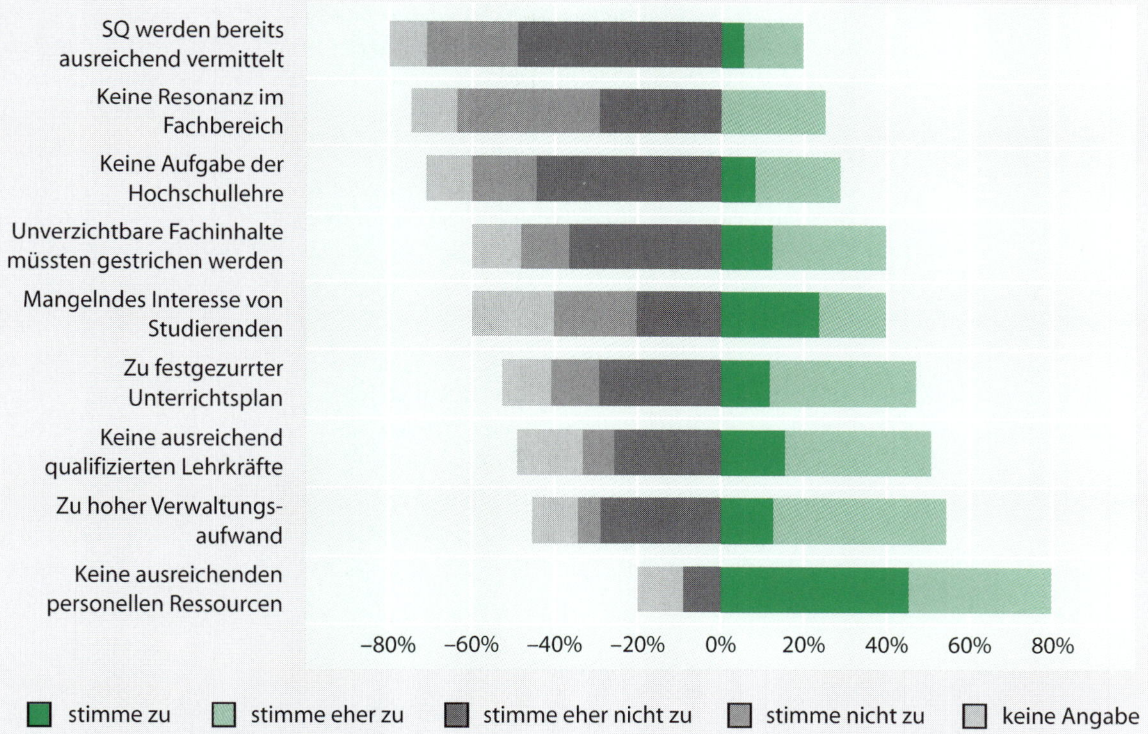

(Nach: Institut der deutschen Wirtschaft Köln, 1999)

Einige Hochschulen haben bereits reagiert

»Soft Skills« sind im Curriculum der meisten Studiengänge nicht enthalten. An einigen Hochschulen, zum Beispiel den Universitäten Köln und Nürnberg, an den Fachhochschule Ravenburg-Weingarten und Aalen, gibt es allerdings bereits Angebote, jedoch überwiegend nur für Wirtschaftsstudenten.

Dennoch müssen Hochschulabsolventen, auch wenn Soft Skills an der Universität thematisiert werden, mit einer sozialen Lernphase nach dem Berufseintritt rechnen. Sie waren bisher gewohnt, auf hohem abstraktem Niveau zu denken. Für den Umgang mit diesem Wissen und der praktischen Umsetzung in der Arbeitswelt, zur Lösung konkrete Probleme, sind Soft Skills erforderlich.

Das Interesse an Soft Skills ist bei Studenten noch unterentwickelt

Jedoch ist die Resonanz unter den Studenten noch gering. Sie sehen diese Lehrveranstaltungen weniger unter dem Gesichtspunkt der Berufsqualifikation oder der wissenschaftlichen Qualifikation, sondern eher unter subjektivem, persönlichem Interesse. Der zusätzliche Zeitaufwand soll Spaß bringen und nicht Mehrarbeit, zum Beispiel in der Auseinandersetzung mit der eigenen Kommunikations- und Kritikfähigkeit in einem Seminar, das unter Umständen auch noch Geld kostet. Ein weiterer, eventuell abschreckender Aspekt könnte die Nähe zur therapeutischen Persönlichkeitsentwicklung, der Arbeit an der eigenen Person, sein. Hier wäre unter Umständen noch Aufklärungsarbeit notwendig.

Mangels Nachfrage wurden beispielsweise die Angebote zu diesem Thema von der WiSo Führungskräfte-Akademie (WFA), gemeinnützige Trägergesellschaft an der Friedrich-Alexander-Universität (FAU), Erlangen-Nürnberg, reduziert. Wirtschaftsprofessor Grüske kann sich das Verhalten der Studenten kaum erklären. Von seinen 600 Studenten holen sich trotz vieler Hinweise in der Regel nur fünf Anmeldeformulare für diese Seminare.
Ähnliche Erfahrungen machen die Studentenverbindungen, Fachschaftsinitiativen und auch das Dr.-Meyer-Camberg-Institut, die preisgünstige Seminare für den akademischen Nachwuchs anbieten.

Die folgenden Beispiele sollen zeigen, wie Hochschulen und Unternehmen in Projekten zusammenarbeiten, damit den Studenten neben dem Fachwissen auch die von der Wirtschaft geforderten Soft Skills vermittelt werden.

Vier Unternehmen und sechs Bildungseinrichtungen, darunter die Fachhochschule Aalen entwickeln bis Ende 2003 Instrumente, um Soft Skills von Studierenden und Auszubildenden zu messen und zu bewerten. Ziel dieses europaweiten Forschungsprojekts »Competence Assessment Tools«, welches die EU mit 400.000 Euro unterstützt, soll sein, Studierenden mit Hilfe von standardisierten Verfahren eigenständig zu erlauben, ihre Fähigkeiten abzuschätzen. Das Ergebnis wird dann der Ausgangspunkt für eine Verstärkung und Verbesserung der Soft Skills in gezielten Trainingsangeboten der Hochschule sein. Mit Hilfe dieses Projektes soll die Wirtschaft höher qualifizierte Absolventen erhalten.

Eine gute Verbindung von Studium und Praxis bietet das Center für Wandel und Wissensmanagement (CWW) in Berlin. Es besteht eine Kooperation der Technischen Universität Berlin mit der Siemens AG und der DaimlerChrysler AG. 2000 wurde eine interdisziplinäre Veranstaltungsreihe für alle Studierenden der TU gestartet. Auf dem Programm steht seitdem die Vermittlung der Soft Skills.

Beispielsweise werden Veranstaltungen angeboten zu: geistige Flexibilität, Kommunikations-, Integrations- und Planungsfähigkeit, Internationalität und unternehmerisches Denken. Vorträge und Diskussionsrunden mit hochrangigen Managern der Siemens AG behandeln aktuelle Themen wie Innovationsmanagement und Unternehmensstrategien. Ergänzend werden Workshops von der Siemens Unternehmensberatung und Siemens Business Services angeboten.
Der Workshop »Mit Kreativität zu mehr Innovation« beendete das Sommersemester 2000, in dem die Studierenden Kreativitätstechniken und Zeitmanagement erlernten.
Ein Bonbon für herausragende Teilnehmer besteht zudem in der Möglichkeit, in Praxisprojekten der Siemens AG im In- und Ausland mitwirken zu können. Die Erstellung von Seminar-, Studien- oder Diplomarbeiten ist dabei ausdrücklich erwünscht.
Ein weiteres positives Beispiel ist die Fachhochschule Ravensburg-Weingarten. Sie hat inzwischen die Studien- und Prüfungsordnung der ingenieurwissenschaftlichen Studiengänge geändert. Nichttechnische Wahlfä-

> cher wie die Vermittlung von Soft Skills, Präsentation, Marketing, Sprachen wurden aufgenommen. Aber auch die technischen Seminare und Übungen wurden verändert, beispielsweise müssen die Studierenden Laborübungen vor der Gruppe anschaulich präsentieren, auch wird Teamarbeit in kleinen Gruppen gezielt gefördert. Die expliziten Lehrveranstaltungen werden ergänzt durch die Verzahnung der beiden Qualifikationsbereiche der Hard Skills und Soft Skills mit den technischen Seminaren. So hat der Student die Möglichkeit, erprobte Schlüsselqualifikationen aus den nichttechnischen Wahlfächern zum Beispiel im Rahmen einer Präsentation im technischen Studienbereich umzusetzen.

Es ist unverständlich, dass diese Angebote auf relativ wenig Resonanz bei den Studentinnen und Studenten treffen, obwohl sie für ihre berufliche Laufbahn so wichtig sind.

Kritische Meinungen zum Thema

Schwachstellen der High Potentials

Viele Unternehmen haben festgestellt, dass die größte Schwachstelle der High Potentials die mit überzogenen Ansprüchen verbundenen Persönlichkeitsmerkmale sind. Leider scheitern auch viele im Berufsleben genau daran. Die Spannbreite der Diskussion zeigen die folgenden Zitate:

> Fehlendes Verständnis für die »High Potentials« wirft Professor Christian Scholz von der Universität Saarbrücken den Unternehmern vor. »Das ist meist ein spezieller Typ von Mensch. Statt während des Studiums mal eine Genussreise zu machen, haben die ihre Praktika strategisch geplant.« Meistens handelt es sich um Einzelkämpfer mit hoher Selbstdisziplin und einem stark ausgeprägten Karrieredrang. »Denen geht es nicht um das Unternehmen, sondern darum, ihren eigenen Lebenslauf zu optimieren«, warnt Prof. Scholz.
>
> Horst-Uwe Groh, Personalvorstand der General Electric Tochter ERC Frankona, München, äußert sich folgendermaßen: »Wir suchen einen ganz bestimmten Typ, der unsere Corporate Values verkörpert«, das heißt absolute Integrität, die Offenheit für Veränderungen und persönliche Reife.
>
> Thomas Sattelberger, Bereichsvorstand Produkt und Service bei der Deutschen Lufthansa, stellt fest: »Viele Unternehmen lassen sich zu sehr von oberflächenkosmetischen Merkmalen wie internationalem Praktikumstourismus, Business School Ranking und geschliffenem Auftritt blenden und achten zu wenig auf die Substanz.« »High Potentials scheitern häufig deshalb, weil sie nicht im Stande sind, die Wirkung ihres eigenen Verhaltens und Handels kritisch zu reflektieren.« (UNICUM Beruf, 3.2000)
>
> Professor Dr. Klaus Landfried, Präsident der Hochschulkonferenz (HRK), ist der Meinung: »Die Einbahnstraße Studium-Beruf muss durch lebenslanges Lernen abgelöst werden (...). Deshalb sollte nicht nur der Studienverlauf optimiert, sondern auch die Schulzeit bis zum Abitur auf zwölf Jahre verkürzt werden. Die Hochschulen müssen ihrer Verpflichtung nachkommen, ihre Absolventen frühzeitig auf Bewerbung, Beruf und Selbstständigkeit vorzubereiten. Dazu sollten immer mehr Career Services sowie

Absolventen- und Existenzgründungstrainings geschaffen werden.« (Novo 48, 2000)

Rolf-E. Breuer, ehemaliger Vorstandssprecher der Deutsche Bank, formulierte: »Wir erwarten von gut ausgebildeten Menschen neben ihrer fachlichen Qualifikation vor allem auch Selbstmanagement, Eigeninitiative, Teamfähigkeit und Kommunikationskompetenz.« »Die einseitige Qualifizierung auf ein festgelegtes Berufsbild hin ist zu starr für eine Zeit, die von jedem von uns immer mehr Flexibilität erwartet. Querdenkertum und ungewöhnliche Potenziale bedürfen stärkerer Förderung.« (Handelsblatt 6./7.7.2001)

Für die HypoVereinsbank äußerte der Personalverantwortliche Oliver Maassen die Vorstellung: »Oftmals ist es völlig egal, aus welcher Studienrichtung ein Kandidat kommt, wenn er nur die gesuchten Soft Skills drauf hat.« Alles andere könne er erlernen. (FAZ Hochschulanzeiger Ausgabe 58 2002)

Die Diskussion um die erforderlichen Soft Skills geht weiter. Die Hochschulen sind aufgefordert die Curriculums, möglichst in Zusammenarbeit mit der Wirtschaft, zu überarbeiten. Wie die Beispiele zeigen, sind Ansätze bereits vorhanden. Hoch qualifizierte Absolventen können den Anforderungen der Unternehmen damit eher gerecht werden.

Anforderungen an die Mitarbeiter in Unternehmen von heute

Die berufliche Qualifikation war in Deutschland bis in die 70er-Jahre des vergangenen Jahrhunderts vor allem durch eigenes Fachwissen geprägt, aber auch durch Tugenden wie Gehorsam, Ordnung, Pünktlichkeit. Es gab verschiedene Hierarchien, denen man sich unterordnete. Der Vorgesetzte bestimmte autoritär, was der Mitarbeiter zu tun hatte. Alles lief über seinen Schreibtisch. Kritische Anmerkungen des Mitarbeiters, eigene Ideen, Mitdenken waren häufig nicht gefragt. Man machte seine Arbeit entsprechend seinem Fachwissen und folgte den Anweisungen des Chefs. Dies geschah oft lebenslang bei einem Unternehmen.

Die berufliche Qualifizierung

»Wenn der Wind des Wandels weht, beginnen manche Mauern zu bauen. Andere bauen Windmühlen.«

Chinesischer Spruch

Inzwischen hat sich – und das ist nicht einmal ein ganzes Berufsleben her – das Unternehmens- und Arbeitsumfeld entscheidend verändert. Stichworte sind steigende Produktivität, Nachfragesättigung, Globalisierung, technische Weiterentwicklung, Kommunikation. Die Auswirkungen sind sehr vielschichtig.

Heute herrscht nicht mehr ein Verkäufermarkt, sondern der Käufer dominiert. Der Kunde hat angesichts der großen Konkurrenz eine starke Position erlangt. Dies hat eine neue Entwicklung in der produzierenden Wirtschaft und im Dienstleistungsgewerbe ausgelöst – die »Kundenorientierung«. Die Frage lautet »Was will oder braucht der Kunde und wie können wir darauf reagieren?« Wichtig ist also, die individuellen Kundenbedürfnisse herauszufinden und möglichst exakt zu reagieren. Die »Kundensicht« bedeutet für ein Unternehmen nicht die eigenen Vorstellungen durchzusetzen, sondern dem Kunden ohne Vorurteile zu begegnen und kreativ die gegebenen Möglichkeiten an den Kundenwünschen auszurichten. Gerade bei erklärungsbedürftigen Produkten wird der kundenorientierte Service zum entscheidenden Wettbewerbsvorteil. Die dabei erforderlichen und erfolgreich eingesetzten Soft Skills der Mitarbeiter unterscheiden ein Unternehmen wirksam von der Konkurrenz.

Um die vom Markt und der Konkurrenz, ob regional oder global, erzwungene hohe Produktivität und Arbeitsleistung zu erreichen, ist eine enge Zusammenarbeit im Unternehmen notwendig. Der einzelne Mitarbeiter kann alle auf ihn zukommenden Aufgaben und Probleme nicht mehr lösen. Neben Fachwissen sind deshalb Soft Skills bei den Mitarbeitern untereinander und zwischen den verschiedenen Ebenen unverzichtbar geworden. Ein konfliktarmes Miteinander aller Beteiligten ist die Voraussetzung für eine prozessorientierte Produktion, dazu bilden Kommunikations- und Teamfähigkeit, Verständigungsbereitschaft und gutes Einfühlungsvermögen die Basis. Sicheres Auftreten, Entschlussfähigkeit und Zielstrebigkeit werden vorausgesetzt. Methoden- und Fachkompetenz – Hard Skills – sollten vorhanden sein.

Die Globalisierung stellt neue Anforderungen an die Mitarbeiter. Neben fast selbstverständlichen Fremdsprachenkenntnissen ist interkulturelles Verständnis gefragt. Dazu gehört vor allem Offenheit für fremde Mentalitäten sowie die Bereitschaft, mit Menschen anderer Sozialisation und Wertorientierung zusammenzuarbeiten. Die Zusammenarbeit in multikulturellen Teams gehört in international tätigen Unternehmen mittlerweile zum täglichen Geschäft. Kenntnisse über die jeweils anderen Kulturen erleichtern dabei die Kommunikation und Kooperation. Handlungs- und Mentalitätsunterschiede sollten für die konstruktive Zusammenarbeit thematisiert werden. So kann das in der kulturellen Vielfalt enthaltene Potenzial positiv und kreativ zu Gunsten des Unternehmens und damit für die Kunden ausgeschöpft werden.

Kulturelle Vielfalt enthält ein ungeheures Potenzial

Der Beruf bietet heute keine absolute Sicherheit mehr für die Zukunft, auch wird man nicht mehr ein Leben lang in einem Unternehmen arbeiten. Einschneidende, technische und organisatorische Veränderungen in der Arbeitswelt stellen immer wieder den Arbeitsplatz in Frage. Das berufliche Fachwissen ist kurzlebig, Berufsbilder ändern sich, einige Berufe werden ausgemustert, neue entstehen. Betriebliche Umstrukturierungen, Versetzungen, Arbeitslosigkeit, vorzeitiger Ruhestand zeigen, dass es keine Sicherheiten mehr im Berufsfeld gibt. »Flexible Situationsbewältigung«, wie es so schön heißt, verlangt Intuition, Fantasie, Kreativität und Schlüsselqualifikationen. Schnelles Umdenken und Einstellen auf einen neue Situation, das heißt auch, Sachwissen loslassen zu können, um sich auf Neues einzulassen, dies erfordert ein breites Spektrum an Verhaltensweisen. Zusätzlich gewinnt unternehmerisches Denken und Handeln an Bedeutung.

Mitdenkende, eigenmotivierte und engagierte Mitarbeiter und Führungskräfte sind gefragt, die in Teams und Projekten zusammenarbeiten. Die festen betrieblichen Strukturen lösen sich immer mehr auf, damit auch die strikten Aufgabentrennungen. Dies gilt zum Beispiel für den IT-Sektor, auch wenn man immer den einsamen Programmierer an seinem Bildschirm vor Augen hat. Die Mehrzahl der Beschäftigten in diesem Bereich arbeiten in Projekten und im Team. Der Kundenkontakt und die damit oft verbundenen fachlich korrekten Problemlösungen und die zuvorkommende Beratung sind ebenso ein weites Umfeld für die erforderlichen Soft Skills.

Die Erwartungen, die die befragten Unternehmen an ihre Mitarbeiter in dieser Branche haben, sind neben dem Fachwissen fachübergreifendes Wissen, am wichtigsten sind EDV-Anwenderkenntnisse und überfachliche Fähigkeiten und Fertigkeiten.

Über 70 Prozent der befragten Unternehmen nannten an erster Stelle Kundenorientierung und Teamfähigkeit, gefolgt von Kommunikationsfähigkeit und Personalführungsqualitäten. Als persönliche Eigenschaften und Einstellungen wurde besonders die Leistungsbereitschaft aufgeführt (s. die Abbildungen auf der nächsten Seite).

Gewichtung der Qualifikationsebenen im Anforderungsprofil für Ingenieure und Informatiker

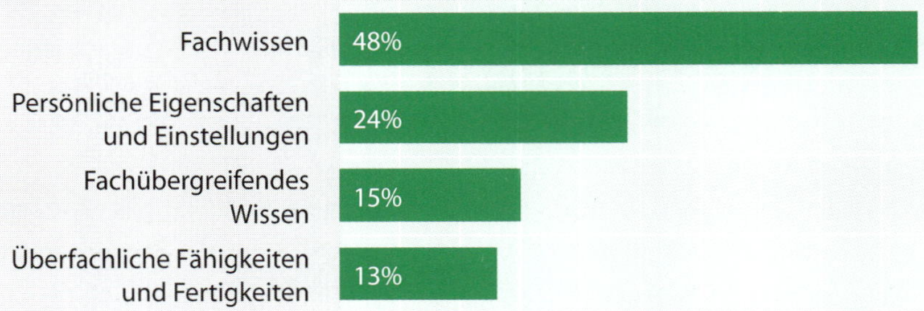

(Nach: Institut der deutschen Wirtschaft Köln, 1999)

Gewichtung der Qualifikationsebenen im Anforderungsprofil für Wirtschaftswissenschaftler

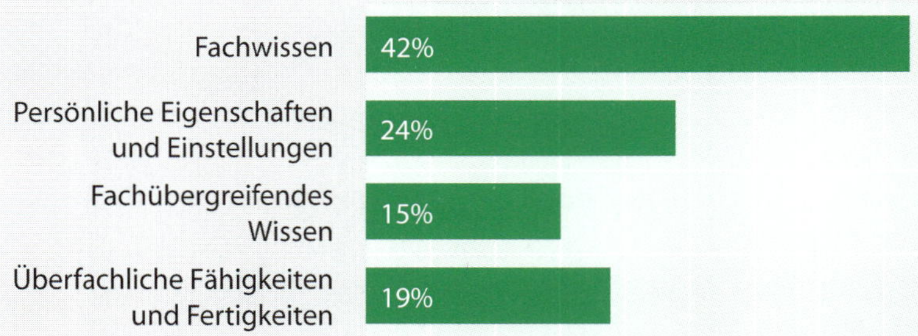

(Nach: Institut der deutschen Wirtschaft Köln, 1999)

In der so genannten »New Economy« findet gegenwärtig kaum eine gezielte Personalentwicklung statt, was bei Start-ups oft zu großen Problemen mit Mitarbeitern führt. Laut einer Studie der Universität Witten/Herdecke wollen vier Fünftel von 400 befragten Start-up-Mitarbeitern ihren Arbeitgeber verlassen. An solchen Mitarbeitern ist wieder die »Old Economy« sehr interessiert, da sie unternehmerisches Denken, Selbstständigkeit, Flexibilität und neue Idee mitbringen, außerdem sind sie Projekt- und Teamarbeit gewöhnt. Aber: Nicht nur wirtschaftliche Fehlleistungen stehen hinter Unternehmenspleiten, zwischenmenschliche Schwierigkeiten sind häufiger die Ursache, als man annimmt. Es heißt: »Erst wurde das Betriebsklima schlecht, dann die Zahlen und schließlich die Zukunftsaussichten.« Wie oft ist es dagegen schon passiert, dass eine gute Belegschaft ein Unternehmen aus den roten Zahlen geholt hat.

Die Anforderungen an eine Führungspersönlichkeit

Autoritäres Verhalten ist nicht mehr gefragt

Die Anforderungen an Führungskräfte ändern sich. Der Vorgesetzte ist nicht mehr die anordnende Autorität. Erfolgreiche Führungskräfte können Aufgaben und Menschen optimal miteinander verbinden. Sie gehen auf die Probleme anderer ein, hören zu, bevor sie entscheiden. Sie informieren, verteilen und delegieren Arbeit nach Fähigkeiten und Präferenzen, sie achten auf die Ausgewogenheit eines Teams und fördern Achtung und Vertrauen. In vielen Unternehmen werden Soft Skills bei Führungskräften mittlerweile genauso hoch geschätzt wie Hard Skills. Die hohe Kunst des Führens ist es, die Soft Skills anderer positiv zu beeinflussen. Die Anforderungen an eine »Führungspersönlichkeit« sind damit sehr hoch, hier ein kleiner Katalog:

- sachliches Verhalten,
- emotionale Ansprache,
- solidarisches Arbeitsverhalten,
- diplomatisches und tolerantes Verhalten,
- Aufrichtigkeit,
- Konsequenz,
- Förderung der Mitarbeiter,
- Einfühlsamkeit,
- Rücksichtnahme,
- Hilfsbereitschaft,
- Kritikfähigkeit,
- ausgleichend sein.

Diesen Anforderungen gerecht zu werden ist besonders für Vorgesetzte nicht immer einfach. Da sie sehr oft auf sich selbst gestellt sind und wenig oder gar kein Feedback erhalten, ist eine vertrauensvolle Begleitung bei dem Prozess des Bewusstmachens der persönlichen Soft Skills(-Eigenschaften) durch einen Dritten erforderlich. Diese Aufgabe kann ein externer Coach oder manchmal auch ein Mentor aus dem eigenen Unternehmen übernehmen.

In Konfliktsituationen wird ein Mediator oder Supervisor zu Rate gezogen, um die Lage zu entschärfen und beispielsweise Schwächen wie mangelnde Kritikfähigkeit aufzuzeigen. Bei der Umsetzung der gewünschten Verhaltensänderung wird die Führungskraft von der unterstützenden Person begleitet. Das kann so aussehen, dass der Coach an Abteilungsbesprechungen teilnimmt und diese anschließend reflektiert.

Leider werden diese Möglichkeiten bei deutschen Führungskräften viel zu selten wahrgenommen. Oft werden Zeitgründe vorgeschoben, und sicher lässt sich der eine oder andere nicht so gerne in die Karten schauen. Die Selbst- und Fremdwahrnehmung ist auch nicht immer die Stärke von Führungskräften, daraus resuliert dann oft der Satz: »Das habe ich nicht nötig!«

Training: Raum zur Erprobung neuer Verhaltensweisen

Zur Sicherung von Wohlstand und wirtschaftlicher Weiterentwicklung einer Volkswirtschaft kommen Bildung, Aus- und Weiterbildung eine Schlüsselrolle zu. Die zügige Anpassung an den mittlerweile schnellen Wandel sichert die Aktualität, und ein aufeinander abgestimmtes Angebot verbessert die Effektivität. Größere Praxisnähe ist dabei aus Sicht der Wirtschaft unabdingbar.

Soft Skills im Training: Förderung, Voraussetzungen und Ziele

Förderung der Soft Skills

Fachwissen muss durch die Persönlichkeitsentwicklung bzw. Schlüsselqualifikationen ergänzt werden. Für den Einzelnen muss auch selbstverständlich werden, dass lebenslanges Lernen notwendig ist und zunehmend in der eigenen Verantwortung liegt. Ein entsprechendes Weiterbildungsangebot sollte dann allerdings auch zur Verfügung stehen.

Früher begegnete man neuen Anforderungen in der beruflichen Weiterbildung mit der Vermittlung von speziellem Fachwissen. Den heutigen Anforderungen gerecht zu werden ist schwer geworden, da keiner vorhersagen kann, welche Qualifikation und welcher Beruf in Zukunft gefragt ist. Daher helfen fachliche Kenntnisse nur bedingt. Die Unternehmen streben Qualifikationen an, die weniger spezielle Hard Skills als vielmehr eine allgemeine berufliche Handlungsfähigkeit zum Ziel haben. Gemeint sind damit soziale, personale und methodische Kompetenzen. Sie ermöglichen es dem Mitarbeiter, sich flexibel den wechselnden Bedingungen in der Arbeitswelt und Gesellschaft zu stellen.

Allgemeine berufliche Handlungsfähigkeit ist das Ziel

Durch spezielle Weiterbildungsinhalte und Formen können Soft Skills gefördert und eingeübt werden. Dabei werden Verhaltensweisen in meist berufstypischen Situationen trainiert. Soziale Kompetenzen sind aus dem Handeln der Person und in der Interaktion mit anderen Personen ersichtlich. Die Entwicklung der Soft Skills im Training bedeutet für den Teilnehmer, sich bestehende Verhaltensweisen bewusst zu machen, sie zu hinterfragen und sie zielgerichtet mit Hilfe eines Trainers zu verändern. Folgende Trainingsregeln gelten:

- Das Training konkreter Verhaltensweisen ist aussichtsreicher als Einüben allgemeiner Prinzipien. Das bedeutet, dass die Übungen beispielsweise im speziellen informationstechnischen Kontext durchgeführt werden müssen.
- Die Weiterentwicklung bereits vorhandener Stärken bietet mehr Erfolgsaussicht als der Versuch, größere Defizite zu beheben.
- Je nach Persönlichkeit sind dabei unterschiedlich starke Lerneffekte zu erwarten.

Seminare sind das Übungsfeld und geben Anreiz, neue Wege zu beschreiten. Es ist nicht möglich Soft Skills in drei Tagen zu lernen oder zu verändern. Auch sollen nicht eigene Persönlichkeitsstrukturen umgeformt werden, sondern nur das Verhalten, welches im Einklang mit der Umwelt wohlwollend und sozial sein soll.

Wie schon festgestellt: Klare Grenzen sind dem Erlernen von Soft Skills aus Büchern und der theoretischen Vermittlung (Frontalunterricht) gesetzt. Es fehlen Selbsterfahrung, Selbstreflexion in der Gruppe, um die eigenen Fähigkeiten auszuprobieren und zu entwickeln, sowie das Feedback aus der Gruppe.

Einige große Unternehmen bieten ihren Mitarbeitern die Möglichkeit, in Workshops ihre Soft Skills festzustellen und in weiteren Bausteinen Defizite abzubauen, beispielsweise das Verhalten in kritischen Situationen. Führungskräfte erhalten einen Coach oder einen Mentor zur Unterstützung.

Voraussetzungen für das Training

Absolut notwendig: freiwillige Teilnahme und Bereitschaft, Änderungen anzunehmen

An erster Stelle der Voraussetzungen stehen die Bereitschaft und der Wunsch des Teilnehmers zur Veränderung der Verhaltensweisen. Die Teilnahme an dem Training sollte nicht »gezwungenermaßen«, sondern freiwillig erfolgen. Für den Veränderungsprozess sind Offenheit und gegenseitiges Vertrauen in der Gruppe und gegenüber dem Trainer eine wesentliche Voraussetzung für die Zusammenarbeit und den Dialog. Das bedeutet auch, dass die Grenzen des Einzelnen respektiert werden und jeder sich aus dem Prozess herausziehen kann. Folgende Aspekte können im Training das Erlernen der Soft Skills fördern:

- Die Teilnehmer erhalten die Möglichkeit, sich über ihre Eigenschaften und ihr Verhalten, zum Beispiel im Rollenspiel, bewusst zu werden.
- Sie können neue Verhaltensweisen mit Methoden aus dem Theaterspiel ausprobieren, um eine Veränderung herbeizuführen.
- Im Austausch mit der Gruppe und dem Trainer wird überprüft, ob die veränderte Verhaltensweise wirklich Sinn macht.
- In Begleitung und Unterstützung durch den Trainer wird die Selbst- und Fremdwahrnehmung gesteigert. Dieses erfolgt oft durch einen Rollenwechsel, das heißt, der Teilnehmer versetzt sich in einer beruflichen Konfliktsituation in die Rolle seines Vorgesetzten, mit dem er Probleme hat. Die auf diese Weise gemachten Erfahrungen werden dann mit dem Trainer reflektiert und bearbeitet.

- Freiräume, die den Ausstieg aus dem Alltäglichen erlauben, helfen ebenso bei der Erlernung der Soft Skills. Ortswechsel und eine gute, freundliche Atmosphäre wirken unterstützend.
- Trainer und Teilnehmer sollten in ihrer Haltung völlig offen sein, denn nur so kann auch Ungewohntes geschehen. Bewertungen sollten eher aufgeschoben werden, um so auch die Experimentierfreude zu fördern.
- Assoziationsfreiheit ist ebenfalls sehr hilfreich. Denn sie erlaubt und fördert es, Einfälle und Ideen zuzulassen, die an das gerade Gesehene, Gehörte, Erlebte direkt anknüpfen. Man kann sagen, »was einem so durch den Kopf geht«.
- Experimentierfreude fördert die Versuche, aus gewohnten Denkmustern und Lösungswegen auszubrechen und es einmal anders zu machen: Dinge und Gedanken, die aus bisher vertrauter Sicht nicht zusammengehören, werden zusammengeführt und bringen neue Ideen und Einfälle hervor.

Daneben gibt es natürlich auch eine ganze Reihe von hemmenden Faktoren, die das Erlernen von Soft Skills erschweren. Dazu gehören:

Hemmende Faktoren beim Erlernen von Soft Skills

- Persönliche Hemmnisse, die nach außen ganz unterschiedliche Erscheinungsbilder haben können: Zum Beispiel gelingt es manchen Teilnehmern schlecht, sich von ihren Alltagsgefühlen und -gedanken zu lösen. Persönliche Hemmungen können ihre Gründe in beruflichen und außerberuflichen Problemen und Konflikten haben, die so im Vordergrund stehen, dass sie alles andere überdecken. Sie können auf reale Lerndefizite hinweisen, sodass die Teilnehmer tatsächlich die ihnen gestellten Aufgaben nicht erfüllen können. Sie können auch unbewusst der Vermeidung dienen und damit eher in Richtung Hemmnisse gegenüber Ungewohntem weisen. Es ist ratsam, hier differenziert und behutsam hinzuschauen, um die Teilnehmer einerseits nicht zu überfordern und zu verletzen, sie andererseits nicht zu unterfordern und zu langweilen.
- Geschlechterrollen wirken dann hemmend, wenn Teilnehmerinnen und Teilnehmer in vorgezogenen Bewertungen auf »typisch Mann« oder »typisch Frau« festgelegt werden.
- Wenn Druck ausgeübt wird und die Teilnehmer nicht mehr frei entscheiden können, wie weit sie sich selber einbringen wollen, dann wirkt sich dies ebenso hinderlich aus.
- Wenn ein Verhaltensmuster vorgegeben wird, sodass sich die Teilnehmer nicht frei entsprechend ihrer Persönlichkeit entwickeln können, wird zwangsläufig das Erlernen der Soft Skills behindert.

- Hemmungen werden auch durch Angriffe auf Selbstwertgefühl und Selbstbewusstsein ausgelöst.
- Es ist nicht möglich, Veränderungen herbeizuführen, wenn sie durch negative Beeinflussung aufgezwungen werden.

Die Zusammenfassung der fördernden und hemmenden Faktoren zeigt, dass ein Training der sozialen Kompetenzen sehr sensibel geführt werden muss, um die Teilnehmer zu erreichen.

Ziele des Trainings der Soft Skills

Damit ein Training für die Teilnehmer, aber auch für das Unternehmen Sinn macht, sollten folgende Ziele angestrebt werden.

Die Teilnehmer
- werden sich ihrer Eigenschaften und Verhaltensweisen bewusst,
- erhalten Raum zur Erprobung neuer Verhaltensweisen,
- haben die Möglichkeit, den Sinn für veränderte Verhaltensweisen zu hinterfragen, und
- überprüfen die Umsetzung in beruflichen, aber auch privaten Alltagssituationen.

Professor Wolfgang Wittwer nannte das Training für Soft Skills in einem Vortrag »Orientierungscenter für Kompetenzentwicklung« (Münster 2001). Folgende Soft Skills, die im beruflichen aber auch privaten Umfeld eine herausragende Rolle spielen, stehen im Training im Vordergrund.

Die Kommunikationsfähigkeit

Die Kommunikationsfähigkeit setzt sich aus den verschiedensten Fähigkeiten und Fertigkeiten zusammen. Sie reichen vom freien Sprechen, Berichten, Argumentieren und Vortragen über das Führen von Gruppengesprächen, Diskutieren, Verhandeln und – ganz wichtig – zum kontrollierten Zuhören. Kommunikationskompetenz bedeutet, Botschaften klar und deutlich zu formulieren, aber auch Botschaften anderer richtig zu interpretieren. Ferner gehört dazu, andere Signale wie Körperhaltung, Mimik, und Gestik wahrzunehmen, um entsprechend darauf zu reagieren. Wichtig ist auch, kulturelle Unterschie-

> »Für ein Gespräch sind die Ohren wichtiger als die Zunge.«
> *T. Wilder*

de bei der Kommunikation zu berücksichtigen, denn wer sich interkulturell verständigen will, muss die Fähigkeit besitzen, sich in fremde Kulturen hineinzuversetzen und ihre typischen Denk- und Verhaltensweisen herausfinden. Die Kommunikationsfähigkeit bildet die Grundlage für alle weiteren Verhaltensweisen. Hierbei ist die Kontaktfähigkeit einer Person bei der Aufnahme, Aufrechterhaltung und Pflege einer Beziehung gefragt. In den letzten Jahren hat der Kommunikationsumfang der Arbeitnehmer erheblich zugenommen, da die Kontakte durch die neuen Medien intensiver, zahlreicher und über große Distanzen möglich geworden sind wie beispielsweise im Rahmen von Telefonkonferenzen.

Die Kommunikationsfähigkeit kann trainiert werden

Im Training kann die Bereitschaft zur Kommunikation verbessert werden und das praktische Repertoire beispielsweise im Theaterspiel verbal und nonverbal entwickelt bzw. erweitert werden. Die Teilnehmer werden damit in die Lage versetzt, selbstbewusst, engagiert, überzeugend, sensibel und konstruktiv zu kommunizieren.

Kooperations- und Koordinationsfähigkeit

Diese Fähigkeit ist besonders bei der organisierten Gruppenarbeit an die Kommunikationsfähigkeit gebunden und bedeutet: »das Tätigsein von zwei oder mehr Individuen, das bewusst und planvoll aufeinander abgestimmt ist und die Zielerreichung eines jeden beteiligten Individuums in gleichem Maße gewährleistet« (Piepenburg 1991).

Handlungsabläufe müssen also aufeinander abgestimmt werden. Die Partner müssen sich darüber verständigen, wann und wie gehandelt wird, dazu sind die kommunikativen Fähigkeiten des Einzelnen gefordert.

Handlungsabläufe können eindrucksvoll mit »Objektbau« trainiert werden. Dazu erhalten zwei bis fünf Teilnehmer die Aufgabe, zum Beispiel aus Karton ein bestimmtes Objekt in einer vorgegebenen Zeit zu bauen. Am Ende des Prozesses werden die Verhaltens- und Vorgehensweise sowie die Arbeitsabläufe hinterfragt und diskutiert.

Konfliktfähigkeit

Konfliktfähigkeit bedeutet den angemessenen Umgang mit Konflikten und ihre sinnvolle Bewältigung. Das heißt, Konflikte sollten frühzeitig erkannt werden, um dann zu prüfen, wie sie gelöst, vermieden, eventuell auch ausgehalten werden können. Die Art des Konfliktes und der Eskalationsgrad müssen ermittelt werden. Dabei ist wichtig, die eigenen und fremden Beiträge im Verlauf des Konfliktes zu erkennen. Beide Parteien sollten eine tragfähige Lösung zur Bewältigung des Problems anstreben. Dabei müssen die Folgen für die Kontrahenten bedacht werden. Bei Schwierigkeiten ist es oft sinnvoll, einen dritte Partei zur Vermittlung heranzuziehen.

Konflikte gibt es in jedem Unternehmen. Sie können sehr unterschiedlicher Art sein und werden von jedem anders erlebt und bewertet. Sie ergeben sich oft aus unterschiedlichen Interessen der Mitarbeiter, Umstrukturierungen des Betriebes, Angst um den Arbeitsplatz und Mobbing als extremster Form.

Ein gutes Einfühlungsvermögen ist in Konfliktsituationen der erste Schritt zur Lösung

Besonders von der Führungskraft wird in der Konfliktsituation Einfühlungsvermögen verlangt, der Umgang mit Kritik, grundlegendes Wissen zur Konfliktbewältigung und der konstruktive Umgang mit den Beteiligten.

In schwierigen Fällen sollte die Möglichkeit in Betracht gezogen werden, zur konstruktiven Konfliktbewältigung einen Mediator hinzuzuziehen. Er achtet darauf, dass alle Sichtweisen und Motive des Konfliktes von den Beteiligten gehört, anerkannt und nachvollzogen werden. Auf dem Weg nach einer gemeinsamen Lösung begleitet der Mediator die Beteiligten als unparteiischer Dritter und Vermittler.

Konfliktfähigkeit heißt aber auch, konfliktbereit zu sein. Besonders im Teamwork, das oft ein recht großes Konfliktpotenzial enthält, hat sich eine faire Streitkultur zur Problemlösung als sinnvoll erwiesen.

Konflikt- und Kritikfähigkeit ist auch notwendig bei Kundengesprächen. Es ist wichtig, mit widersprüchlichen Erwartungen umzugehen und doch die eigenen Vorstellungen einzubringen. Konflikte können dabei oft auf humorvolle und effiziente Weise gelöst werden.

Das eigene Konfliktverhalten und der Umgang mit Kritik können in Seminaren unter anderem durch Interaktionsspiele im vertrauensvollen Rahmen erprobt und reflektiert werden. Ebenso können mit kreativen Methoden die eigenen Grenzen und die anderer erfahrbar gemacht werden, um sensibel für Konfliktsituationen im Alltag zu werden.

Teamfähigkeit

Die Teamfähigkeit ist die Form der Arbeitsorganisation, die heute sehr stark von den Unternehmen bei den Mitarbeitern gefragt ist. Sie ist erforderlich, um die Zusammenarbeit im Team und Projekt zu verbessern und ihre Effizienz zu erhöhen. Sie umfasst die Kommunikation, Kooperations-, Koordinations- und

Konfliktfähigkeit gepaart mit Sensibilität, Einfühlungs- und Durchsetzungsvermögen, also einer Zusammenfassung von mehreren Soft Skills. Für die Gruppe sind Vertrauen und Akzeptanz zwischen den Beteiligten die Basis für eine gute Zusammenarbeit. Im Team ergibt sich daraus für den Einzelnen:

- eine offene Kommunikationsweise,
- die Bereitschaft zur Kooperation,
- sich Konfliktsituationen bereitwillig zu stellen und ergebnisreich zu regeln
- mit dem Ziel der Optimierung auch im Sinne des Unternehmens.

Ein Team ist eine überschaubare Arbeitsgruppe mit einem Arbeitsauftrag, geleitet oder selbst gesteuert. Die ideale Größe eines Teams umfasst sieben bis neun Personen. Bei mehr als 15 Personen lassen sich kaum noch Beziehungen zwischen den Beteiligten herstellen. Jedes Team entwickelt eine Gruppendynamik, welche mit berücksichtigt werden muss.

Erfahrungsgemäß sind Teams effektiver, wenn sie geschlechter- und altersmäßig gemischt sind, da unterschiedlich orientierte Beiträge für die Zielerfüllung eingebracht werden.

Der Problemlösungsprozess beginnt mit der Phase der Ideenfindung. Die Lösung ergibt sich aus der Phase der Bewertung und Entscheidung. Ideenfindung und Bewertung sollten klar getrennt sein.

Um auf ein gemeinsames Ziel zu kommen, bedarf es einer Lenkung der einzelnen Beiträge, durch eine Moderation der Teamleitung, das heißt, Strukturierung des Vorgehens und Kontrolle und Bewertung der Ergebnisse.

Der Teamleiter übernimmt eine ganze Reihe von Aufgaben

Die Aufgaben des Teamleiters sind vielfältig. Er formuliert die Aufgabenstellung und die Ziele des Teams, stellt eine gemeinsame Ausgangsbasis her und klärt Vorgehensweisen; sehr wichtig ist dabei die qualifizierte und sensible Versorgung des Teams mit Informationen. Er übernimmt die Moderation und baut die zwischenmenschliche Interaktion auf. Statt Schwächen festzustellen, fördert er die Stärken der Einzelnen. Er stellt sicher, dass Ideen der Teammitglieder aufgenommen werden und in den Arbeitsprozess fließen. Aufkommendes Konkurrenzdenken wandelt er in einen kollegialen Wettbewerb im Team um. Der Teamleiter begleitet die Gruppe und nimmt ihr die Angst vor Neuem, so sollte ein Team beispielsweise auch in der Lage sein, neue Mitglieder mit hineinzunehmen.

Trainerkompetenzen

Da die Arbeitswelt sich in einem immer schneller werdenden Veränderungsprozess befindet, müssen Trainer, Lehrer, Dozenten Multitalente sein. Bis 2010 wird der Bedarf an kompetenten Trainern und Beratern um mehr als 60 Prozent steigen (lt. Institut für Arbeitsmarkt- und Berufsforschung – IAB, 2000).

Trainingsbedarfsanalyse

Moderne Unternehmensentwicklung gelingt besser mit einem prozesskompetenten Trainer. Das zukünftige Berufsbild der Trainer wird daher sehr nah an der Berufspraxis liegen. »Coaching«, »Learning on the job« und »near by the job« werden Weiterbildungsmaßnahmen ergänzen und vertiefen.

Trainer müssen sich an den strategischen Zielen der Unternehmen orientieren und den Qualifizierungsbedarf der Mitarbeiter ermitteln, um ein maßgeschneidertes Trainingskonzept unter Einbeziehung des sozialen Umfelds erstellen zu können. Dabei ist eine Trainingsbedarfsanalyse hilfreicher als die Frage: »Was ist Ihr Trainingsbedarf?«, um den individuellen Trainingsbedarf für das Unternehmen festzustellen. Bei der Frage aus der Bedarfsanalyse: »Haben Sie in der Vergangenheit festgestellt, dass die betreffenden Mitarbeiter das angebrachte Verhalten schon gezeigt haben?«, dagegen könnte sich die Schlussfolgerung ergeben, dass die Mitarbeiter das gewünschte Verhalten beherrschen, wenn sie denn wollen. Hierbei stellt sich dann die Frage, ob ein Training die gewünschten Erfolge bringen kann. Ebenso können messbare Kriterien, wie in Frage neun der Analyse nicht die gestiegenen Verkaufszahlen des Mitarbeiters sein, sondern es soll die Umsetzung der vertieften Fähigkeiten in der Arbeitssituation sein.

Durchaus könnte es noch andere Ursachen für anstehende Probleme mit Mitarbeitern geben, zum Beispiel die innere Kündigung. Auch hier stellt sich die Frage nach einem Training. Die nachfolgende Trainingsbedarfsanalyse soll ein Beispiel dafür sein, ein speziell auf das Unternehmen bezogenes Trainingskonzept zu erstellen.

Trainingsbedarfsanalyse

Welche Arbeitsplatzprobleme gibt es in Ihrem Unternehmen?

Kann festgestellt werden, ob diese Probleme durch menschliches Verhalten verursacht werden? Schildern Sie das gegenwärtige Verhalten:

Welches ist Ihrer Meinung nach das ideale Verhalten Ihrer Mitarbeiter, um einen problemlosen Ablauf der Arbeit zu gewährleisten?

Haben Sie in der Vergangenheit festgestellt, dass die betreffenden Mitarbeiter das von Ihnen erwartete Verhalten schon einmal gezeigt haben?

Kann es sein, dass der direkte Vorgesetzten das gewünschte Verhalten der Mitarbeiter einfordert?

Wenn ja, was könnten sind die Gründe dafür sein?

Wenn nein, gibt es Möglichkeiten, dass ein Lerntransfer in die tägliche Arbeit stattfinden kann?

In welchen Arbeitssituationen merken die Vorgesetzten, dass die derzeitige Leistung verbessert werden muss?

Welche messbaren Kriterien können zeigen, dass das Training am Arbeitsplatz eine positive Wirkung hatte?

Könnte es noch anderen Ursachen für die anstehenden Probleme geben (in Bezug auf die zweite Frage)

Ist unter Berücksichtigung der vorherigen Antworten überhaupt ein Training erforderlich?

Wenn ja, welches Trainingsmaßnahme würde sinnvoll und unterstützend sein?

Sind die Vorgesetzten der Mitarbeiter bereit, sich aktiv in den Personalentwicklungsprozess vor, während und nach dem Training einbinden zu lassen?

Trainerqualifikation

Auch bei akuten Problemen mit Mitarbeitern im Unternehmen, wenn ein Training kurzfristig anberaumt werden muss, sollte eine Bedarfsanalyse angefordert werden. Sie können dies jeweils anhand des vorangegangenen Fragebogens ermitteln. Bei großen Firmen geschieht dies in der Regel in Zusammenarbeit mit internen Personal- und Organisationsentwicklern. Bei kleinen und mittelständischen Betrieben dagegen wird in der Regel ein Trainer diese Aufgabe in Abstimmung mit dem Betrieb übernehmen. Seine Qualifikation sollte Fachwissen und umfangreiche hohe emotionale und soziale Kompetenzen enthalten.

Für Trainer bedeutet dies, dass sie sich ständig weiterbilden müssen. Sie sollten eine abgeschlossene Berufsausbildung mit mehrjähriger Berufserfahrung in einem Unternehmen haben, um so Problembereiche aus den verschiedensten Perspektiven zu erkennen und um darauf reagieren zu können. Die nötigen sozialen Kompetenzen umfassen dabei unter anderem die Selbst- und Fremdwahrnehmung, konzeptionelles und vernetzten Denken, Selbstreflexion, aber auch Erkennen der Verantwortung für die eigene Person.

»Die wirkliche Entdeckungsreise besteht nicht darin, neue Landschaften zu suchen, sondern sich die Welt mit neuen Augen anzusehen.«

Marcel Proust

Im Seminar ist die Glaubwürdigkeit im persönlichen Verhalten und Vorleben gefragt. Verstehen von Prozessen und Analysieren von Interaktionssituationen. Sensibilität, Sicherheit und Erfahrungen mit Gruppendynamik sind unbedingt erforderlich. Gewünscht sind effektive Handlungs- und Verarbeitungsstraegien in sozialen Situationen und Umsetzung auf Verhaltensebenen.

Das Fachwissen umfasst unter anderem Methodenkompetenz, zum Beispiel die Moderation. Da viele Methoden aus den verschiedensten Bereichen der Psychologie und Soziologie kommen, ist es wünschenswert, dass Erfahrungen oder sogar eine Ausbildung zum Beispiel in Themenzentrierter Interaktion, Neurolinguistischem Programmieren (NLP) oder systemischer Therapie gemacht wurden. Dies sind wesentliche Voraussetzungen für das gemeinsame Arbeiten an den Soft Skills, da sich die Teilnehmer im Seminar persönlich mit neuen Situationen und Verhaltensweisen auseinander setzen. Näheres dazu findet sich unter dem Kapitel »Teilnehmeraktive Methoden zu Vermittlung von Soft Skills« (s. S. 65).

Trainingsinhalte sollen in Modulen klar und zugänglich, gespickt mit Beispielen aus der Praxis, vermittelt werden.Wichtig ist auch die Verknüpfung der fachlichen Kenntnisse mit didaktisch und methodischen Konzepten zu einer persönlichkeitsorientierten Weiterbildung. Dieses gilt ebenso für Hochschullehrer und berufliche Ausbildner.

Trainer sind keine Therapeuten

Und »last but not least« soll der Trainer größtmögliche Zurückhaltung hinsichtlich therapeutischer Interventionen üben! Trainer sind in der Regel keine Therapeuten. Das heißt, sie verfügen in den seltensten Fällen über therapeutische Ausbildungen. Diese Abstinenzregel schützt sie selber – und vor allem auch die Teilnehmer – vor unbewussten, unreflektierten und deshalb möglicherweise folgenschweren Projektionen. Auch wenn – oder gerade weil – mein eigener Erfahrungshintergrund unter anderem aus psychotherapeutischen Bereichen stammt, kann ich nicht genug warnen: Seminare sind keine therapeutischen Sitzungen, selbst wenn die Grenzen manchmal fließend sind. Theapeutische Ratschläge, Interpretationen und Interventionen gehören hier nicht hin!

Insbesondere beim Einsatz von Methoden aus der kulturellen Bildung (Unternehmenstheater, kreative Methoden wie das Anfertigen einer Collagen Malen usw.) sollte der Trainer Folgendes sein beziehungsweise haben:

- **Frei vom Erfolgsdruck sein.**
  Wer primär den eigenen Erfolg im Auge hat, überträgt die damit einhergehende Versagensangst auf die Teilnehmer. Dies führt zu Spannung und Unsicherheit in der Gruppe. Wer als Trainer eher die Rolle einer Autoritätsperson übernahm, sollte sich aus dieser Rolle in der kreativen Sequenz zurückziehen und die eines Mit-Arbeiters, eines Wegbegleiters einnehmen.
- **Neugierig, interessiert, gespannt sein.**
  Die Neugierde darauf, was bei der Auseinandersetzung mit den kreativen Medien herauskommt und wie die Sichtweisen der verschiedenen Einzel- und Gruppenarbeiten ausfallen, ist durchaus wichtig.
- **Vertrauen in die eigene Wahrnehmung haben.**
  Wach sein, um die einzelnen Teilnehmer, aber auch die Gruppendynamik wahrzunehmen, um eventuell entsprechend zu reagieren.
- **Kritisch und selbstkritisch sein.**
  Anleitungen, alte Vorlagen, Traditionen und Muster werden kritsch hinterfragt. Beispielsweise Äußerungen von Teilnehmern wie: »Das haben wir schon immer so gemacht!« sollten mit Vorsicht aufgenommen werden.
- **Offen sein.**
  Neue Ideen, Wege, auch wenn sie zunächst abstrakt und unrealistisch erscheinen, sollten immer offen begrüßt werden.

- **Unterstützend sein.**
  Um Raum für außergewöhnliche Gestaltungsformen zur Verfügung zu stellen, müssen die Teilnehmer unterstützt werden.
- **Experimentierfreudig sein.**
  Damit neue Techniken und unbekannte Materialien zum Einsatz kommen können, sollte immer wieder Neues getestet werden.
- **Flexibel auf Veränderungen reagieren.**
  Im kreativen Prozess ergeben sich immer wieder überraschende Änderungen, die flexibel gehandhabt werden müssen.

Wie bei einer Führungskraft werden hohe Erwartungen an den Trainer gestellt. Bei einer guten Selbst- und Fremdwahrnehmung sowie einem sensiblen Umgang mit seiner Umwelt sind die Voraussetzungen für ein fruchtbares Seminar gegeben.

Künstler als Trainer

Künstler haben oft Schwierigkeiten, ihr Repertoire in eine arbeitsweltorientierte und berufsbezogene Weiterbildung zur Förderung der Soft Skills umzusetzen. Hier ist eine Qualifizierung wünschenswert, die folgende Inhalte haben könnte:

- Methoden des Vermittelns,
- Entwicklung von teilnehmerorientierten Lernschritten,
- prozessorientiertes Arbeiten,
- Einfluss der Gruppendynamik auf den Lernprozess,
- Auswertung der Ergebnisse.

»Wahre Künstler geben nicht nur die Wirklichkeit wieder, sie fügen ihr etwas Neues hinzu.«

Carlos Fuentes
(in: »Der zerbrochene Spiegel«)

Folgende Vorgehensweise hat sich bewährt: Ein Arbeitskreis von Künstlern aus den verschiedenen kulturellen Bereichen zum Beispiel des bildnerischen Gestaltens, des Theaters, der Musik und der Literatur sollte ein differenziertes Konzept für die Qualifikation in Zusammenarbeit mit Pädagogen, Trainern aus der beruflichen Weiterbildung erarbeiten. Die vorgeschlagenen Themen, beispielsweise »Teamfähigkeit in der Firma«, werden in Bausteine umgesetzt, inhaltliche Schwerpunkte benannt und Kurs-, Workshop- und Seminarabläufe entwickelt.

In der Weiterbildungsszene findet man aber auch immer mehr Teams, die sich aus Trainern der beruflichen Weiterbildung und Künstlern zusammensetzen. Gemeinsam erarbeiten sie ein Seminar zur Förderung der Soft Skills. Oft stehen bei der Durchführung die Künstler mit ihrer Profession im Vordergrund, im Hintergund begleitet der Trainer das Seminar oder den Workshop. So sind zum Beispiel viele Theaterprojekte entstanden, die Eingang in Unternehmen gefunden haben.

Teilnehmeraktive Methoden zur Vermittlung von Soft Skills

Es ist nicht einfach, die richtigen und effektiven Methoden zur Förderung der Soft Skills zu finden. Vor allem sollen im Training mit den verschiedenen Methoden soziale Fertigkeiten geübt werden, unter anderem Kommunikation, Teamfähigkeit, Umgang mit Konflikten.

Methoden zu Förderung der Soft Skills

»Es gibt weder gute (neue) noch schlechte (alte) Methoden; es kommt auf ihren Einsatz an, der durch die Rahmenbedingungen und den angestrebten Lernerfolg bestimmt wird.«

Bunk/Stenzel 1986

Das Einsetzen teilnehmeraktiver Methoden ist die Voraussetzung zum Erlernen der Soft Skills. Jeder Trainer versucht, mit seinen Lernformen im »Trend« zu sein, jedoch fehlt oft das nötige kritische Bewusstsein, um sorgfältig abzuwägen, ob die neuen Wege auch wirklich das leisten, was sie vorgeben und ob diese Methoden zur Persönlichkeit des Trainers passen. Theoretisch erlernte Methoden lassen sich schwer in die Praxis umsetzen. Darum ist es wichtig, dass der Trainer sie erlebt hat und sie beherrscht, denn nur wenn er selbst sozial kompetent ist, kann er soziale Kompetenz vermitteln.

Selbstverständlich ist eine Methodenvielfalt für die Kompetenz des Trainers von großer Bedeutung. Leider fehlt ein übergreifender Rahmen, in dem sich die einzelnen methodischen Ansätze begründen und sich eine Systematik ableiten ließe, um die Konzepte bezüglich ihrer Einsatzmöglichkeiten zu beurteilen. Die Wirksamkeit der Methoden im Seminareinsatz ist bis heute nicht empirisch untersucht worden.

Viele Methoden kommen aus den verschiedensten psychologischen Therapien, aus der Sozialpädagogik im Bereich des Verhaltenstrainings zur Verhaltensänderung und der Persönlichkeitsentwicklung.

Oft sind die Trennungslinien fließend. Ziel ist immer die Verbesserung der Methoden- und Sozialkompetenz, die Steigerung des Gespürs für soziale Situationen und die Verbesserung der Fertigkeit auf Situationen flexibel zu reagieren. Der Trainer muss sich aber immer darüber im Klaren sein, dass er kein Therapeut und ein Seminar keine Therapiestunde ist. Um ein Entgleiten in die psychologische Richtung zu vermeiden, ist ein klares didaktisches Konzept zu dem Seminarthema unumgänglich, denn jede Aktivität hat neben dem kognitiven auch emotionale Elemente.

Wichtige Methoden, die die Soft Skills und die Kreativität fördern, kommen aus den Bereichen der kulturellen Bildung wie dem Theater, dem bildnerischen Gestalten, der Musik und dem Tanz. Sie leisten einen Transfer zu Förderung der Schlüsselqualifikationen und können im beruflichen Kontext eingesetzt werden. Vorkenntnisse sind dafür nicht erforderlich! Hier gibt es bereits die unterschiedlichsten Ansätze in der Personal- und Produktentwicklung.

Methoden aus dem bildnerischen Gestalten

Die aus dem bildnerischen Gestalten stammenden »kreativen Methoden« haben seit den 80er-Jahren einen hohen Stellenwert in der Aus- und Weiterbildung. Sie spielen nicht nur maßgebend bei der Förderung der Kreativität, sondern auch bei der Entwicklung der Soft Skills der Mitarbeiter eine große Rolle.

> »Kreative Methoden sind Gestaltungstechniken wie Malen, Zeichnen, Collagen, Tonarbeiten, die in Form zeitlicher Ausdehnung und thematischer Ausrichtung sehr flexibel handhabbar sind. Ziel ist immer, im schöpferischen Prozess die genaue Wahrnehmung des eigenen Vorgehens, Empfindens und Denkens zu üben, Blockaden und Kommunikationsbarrieren zu erfahren und zu erkennen sowie andere, auch bisher unbekannte Wege des Ausdrucks zu riskieren. Wie die Arbeit mit den Materialien vielfach gezeigt hat, verändern sich innerhalb der Gruppe die zwischenmenschlichen Kontakte und Dialoge deutlich und auf vielen Ebenen – emotional, atmosphärisch, persönlich, gruppendynamisch. Sie werden dichter, intensiver, direkter und lebendiger. Sie können die Grundlage bilden für die Lösungen persönlicher und beruflicher Fragen und Probleme, die sich alleine mit Ratio und Logik häufig nicht lösen lassen. Leider werden diese Fähigkeiten in weiten Bereichen unserer Gesellschaft häufig vernachlässigt, unterschätzt und als zu emotional abgetan. Im schöpferischen Prozess können diese Ressourcen wieder hervorgeholt, aktiviert und neuen Lösungsfindungen dienbar gemacht werden.«

Der Buchtipp
Den ausführlicheren Text finden Sie in Huck-Schade, Neue kreative Wege im Seminar 2001.

An den verschiedenen, folgenden Beispielen wird aufgezeigt, welche Methoden zur Stärkung der Soft Skills aus dem bildnerischen Gestalten bereits Eingang in das Firmentraining gefunden haben.

In Firmentrainings zur Personalentwicklung werden Objekte, beispielsweise Drachen, gebaut. Hierbei sollen Teamfähigkeit, Kommunikation, Problemlösung und prozessorientiertes Arbeiten gefördert werden. Zur Reflexion werden in der Feedbackrunde Auswertungshilfen eingesetzt, die den Transfer in die Arbeitswelt bewusst machen und erleichtern sollen. Folgende Fragen sind zentrale Auswertungshilfen:

- Wie ist die Gruppe im Teamwork mit dem Thema umgegangen?
- Wie war die Rollenverteilung und wie ging es dem Einzelnen damit?
- Wie hat sich der Teilnehmer im Kontakt mit den anderen erlebt?
- War ein Teammitglied dominanter oder zurückhaltender?
- Kam es zu einer direkten, bildnerischen Kontaktaufnahme oder blieb jeder in seinem »Bereich«?
- Wie ging es dem einzelnen Teilnehmer bei der Arbeit
- Wie war der Ablauf von der Idee bis zur Fertigstellung des Objekts?
- Welche Erfahrungen wurden mit dem Material gemacht?
- Welche realistischen Ideen (Kartenabfrage) oder Lösungswege sind bei der Arbeit gekommen, die in den beruflichen Kontext einfließen?

»Was wir von der Malerei in Beratung und Training lernen können« war das Thema einer Veranstaltung (5.2000) des BDVT (Bund deutscher Verkaufsförderer und Trainer e.V.). Ein Künstler sollte Impulse für die Trainings- und Beratungsarbeit geben im Dialog mit einem Trainer vor den Teilnehmern. Der Maler erklärte an einem seiner Bilder seine Arbeitsweise und die Entstehungsgeschichte des Werks. Das Gespräch zwischen Maler und Trainer zeigte Parallelen in der Vorgehensweise.
Vier Teilnehmer hatten die Möglichkeit, im Team an einer Staffelei zu malen (ohne Vorgaben). Im Anschluss daran wurde intensiv über den Einsatz kreativer Methoden in Seminaren diskutiert. Alle Beteiligten waren sich einig, dass sich damit vollkommen neue Lösungswege bieten. Besonders interessant war die Besprechung des von den Teilnehmern gemalten Bildes. Der Maler beurteilte das Bild nach den Grundsätzen der Kompositions- und Farblehre, der Trainer nach den Ansätzen der praktizierten Teamarbeit. Dazu nahmen die teilnehmenden »Maler« Stellung über die Vorgehensweise, die weiße Leinwand mit Farbe zu füllen. Wer beginnt mit dem Malen? Wird parallel oder nacheinander gemalt? Kann man in bereits gemalte Flächen eingreifen und sie verändern? Wie ist die Fremd- und Selbstwahrnehmung? Kann zugelassen werden, dass einige Teilnehmende dominanter sind? Die teilnehmenden Trainer und Berater waren sich einig, die Malerei als Methode sinnvoll im Seminar einzusetzen.

In diesem Beispiel übernehmen Trainer künstlerische Techniken als Methode für ihre Gruppenarbeit. Im Seminaralltag ist das nichts Ungewöhnliches.

In einem weiteren Beispiel arbeitete eine Malerin mit Mitarbeitern aus einem Hamburger Versicherungsunternehmen in einem Workshop »Teamentwicklung«: Durchgeführt und entwickelt wurde der »Memory-Workshop« von Esther Naused, Hamburg (Anschrift im Anhang).
Seit vielen Jahren experimentierte sie in ihrem Atelier mit Bildformen, die sich aus unterschiedlich und dadurch variabel zusammengesetzten kleineren Einzelteilen ergeben. Aus diesem offenen, spielerischen Moment entwickelte sie einen Workshop für Teamentwicklung, den Esther Naused bereits in verschiedenen großen Unternehmen durchgeführt hat.
Aus 49 kleinen, quadratischen Bildteilen lässt sie ein Gesamtwerk entstehen. 24 Motive tauchen dabei als Paare auf, ein Motiv steht für sich alleine.
Der Workshop besteht aus mehreren Phasen. Er beginnt mit einer Einführung in die Malmaterialien und in die Farbenlehre. Besonders die vielfältigen Möglichkeiten, mit Farbe umzugehen, löste bei vielen Teilnehmern Erstaunen aus.
Anschließend werden selbst entwickelte Motive auf kleinen Übungsquadraten aus Pappe entworfen. Bei der Übertragung der Motive auf die Leinwand erfuhren die Teilnehmer, dass es nicht immer einfach ist, einen Entwurf adäquat auf ein größeres Format umzusetzen.
In der nächsten Phase werden die gemalten Quadrate zu einem Gesamtwerk zusammengestellt werden, erschwerend kommt hinzu, dass ein Motiv herausfällt. Das Team diskutierte dabei in einem schwierigen und langwierigen Prozess, welche Bilder zusammenpassen und warum, welche sich gegenseitig stärken und welche Kombination nicht als konstruktiv empfunden werden und warum. Einzelteile werden getauscht, gedreht und neu zusammengestellt, bis die Gruppe meinte, aus dem Chaos zu einer alle befriedigenden Ordnung gefunden zu haben.
Das Gefühl von Erfolg und die Erkenntnis, dass das Ganze mehr ist, als die Summe seiner Einzelteile – das war für alle Beteiligten das konstruktive Ergebnis des Workshops. In dem Versicherungsunternehmen wurde das Gemeinschaftswerk im Format 1,75 x 1,75 Meter, anlässlich der Einweihung des neuen Unternehmensgebäudes im Rahmen einer Vernissage ausgestellt, womit die sichtbar gewordene Teamarbeit der kreativen Mitarbeiter von der Unternehmensleitung besonders gewürdigt wurde.

Hier wird gezeigt, wie eine Künstlerin mit einer von ihr entwickelten Methode in Unternehmen arbeitet. Besonders bemerkenswert ist hierbei, dass die Teilnehmer außer der Teamarbeit auch künstlerische Vorgehensweisen erfahren, sich in einem für sie neuen Feld bewegen und hier einen Raum finden, neue Verhaltensweisen auszuprobieren und nicht nur die Selbst- und Fremdwahrnehmung erweitern.

Die Krönung dieser Arbeit war die Anerkennung durch die Firmenleitung, die Raum gegeben hat, diese Arbeit als Beispiel für Teamwork im Unternehmen auszustellen. Die Qualifizierung der Künstlerin zeigt sich in ihrem Konzept und ihrer begleitenden Funktion in den verschiedenen Phasen des Workshops (siehe Kapitel »Trainerkompetenz«, s. S. 57).

Kreativitätsförderung wird auch in Autokonzernen groß geschrieben. Führungskräfte arbeiten unter Anleitung einer Künstlerin mit Farben und Ton. Aus Schrottteilen wurden zum Beispiel Figuren erstellt. Nach einem Jahr wurde in einem Bilder und Worttest (vor und nach dem Training) festgestellt, dass die Kreativität um mindestens 50 Prozent gesteigert wurde. Leider wurde nicht ermittelt, welche Auswirkungen – und es ist sicher, dass sie Auswirkungen hatte – diese Aktion auf die Soft Skills der Mitarbeiter gehabt hat.

Rollenspiele

Das Rollenspiel ist eine wichtige Methode im Training, da im Unternehmen die Interaktion mit Vorgesetzten, Kollegen, Mitarbeitern und Kunden von großer Bedeutung ist. Es werden typische Dialogsituationen durch Rollenspiele nachvollzogen. Beobachter bewerten das Verhalten des Rollenspielers in der Interaktion mit dem Partner wie Kontaktaufnahme, Eingehen auf den Partner, Verhalten, Kooperation. Schwerpunkte sind dabei Kommunikationsfähigkeiten, Umgang mit Kritik und Beschwerde, Kontaktpflege und Teamfähigkeit, also die Stärkung der Soft Skills. Ziel ist es, das Verhalten der Personen bewusst zu machen, zu trainieren und eventuell zu verändern. Alte Verhaltensmuster werden auf die Probe gestellt und neue Ausdrucksformen erprobt. Voraussetzung dazu ist selbstverständlich die innere Bereitschaft der Teilnehmenden. Besonders im Verkaufstraining wird das Rollenspiel gerne eingesetzt, um das Verhalten in Verkaufssituationen zu üben.

»In der Kommunikation ist nicht wichtig, was A sagt, sondern was bei B ankommt!«

Quelle unbekannt

Als in der Bauspar- und Versicherungsbranche die ersten Laptops mit eingespielten Verkaufsprogrammen für jeden Vertreter fast schon ein Statussymbol wurden, stellte man in der Praxis fest, dass solch ein wunderbarer Rechner, eher eine Behinderung in der Kommunikation mit dem Kunden darstellt. (Ganz zu schweigen in Situationen eines Programmabsturzes.) Im Verkaufstraining hatten dann die Teilnehmer die Möglichkeit, im simulierten Rollenspiel selber zu erleben, wie schwierig der Einsatz des Laptops im Verkaufsgespräch ist. Es gab Verkäufer, die versteckten sich geradezu hinter dem Rechner, sodass eine Barriere zum Kunden entstand. Einige waren so mit dem Programm beschäftigt, dass kaum ein Gespräch entstand und auf Fragen nicht eingegangen wurde. Wenn ein Verkäufer unter anderem diese Schwierigkeiten in der Rolle als Kunde in der Kommunikation mit dem Verkäufer oder umgekehrt erlebte, wurde ihm sein Verhalten bewusst. Es wurde dann der sinnvolle Einsatz dieser Verkaufshilfe diskutiert und das veränderte Verkaufsverhalten im Training ausprobiert und überprüft. Durch Videoaufnahmen und eingesetzte Beobachter wurde das Rollenspiel begleitet, analysiert und beurteilt.

So schnell wie man sich bestimmte Verhaltenweisen angeeignet hat, so langwierig ist der Prozess der Veränderung. Dieses kann nicht ein kurzes Seminar bewirken. Die Erkenntnisse müssen in den beruflichen, aber auch privaten Alltag einfließen. Neues Verhalten muss erprobt werden. Wichtig ist, dass nach einigen Wochen in einer weiteren Seminarsequenz die gemachten Erfahrungen aufgearbeitet werden! Besonders bei Führungskräften ist ein anschließendes Coaching unerlässlich, um den Transfer in das Berufsfeld zu gewährleisten. Dies gilt nicht nur für diese Methode der Persönlichkeitsentwicklung.

Es wird in diesem Buch darauf verzichtet, die verschiedenen Techniken, Anwendungsformen und Beispiele aufzuführen. Das Rollenspiel sollte zum Grundrepertoire eines jeden Trainers gehören.

Der Buchtipp
Als vertiefende Fachliteratur zu diesem umfassenden Thema ist zum Beispiel »Das große Rollenspiel-Buch« von Roger Schaller zu empfehlen.

Theaterspiel

Die verschiedenen Formen des Theaterspielens werden eingesetzt, um die Ausdrucksfähigkeit, die Entwicklung der Persönlichkeit und die Förderung der Soft Skills zu schulen.

Es wird dabei die eigene **Körpersprache** bewusst gemacht, geschult und sinnvoll eingesetzt. Die Körpersprache ist eine Form der nonverbalen Kommunikation, die meist intuitiv eingesetzt wird. Es werden unbewusst Signale gesendet, deren Bedeutung vom Gegenüber anders empfangen werden. Wenige können gedeutet werden, dazu sind Kenntnisse aus den verschiedensten Bereichen erforderlich.

Ein Beispiel von vielen: »Bist du schlecht gelaunt?« »Wieso, mir geht es prima!« »Aber du hast die Mundwinkel heruntergezogen.« Verschränkte Arme werden ebenso immer noch als Abwehrhaltung interpretiert, aber kann es nicht auch ein Zeichen für Wohlfühlen (»bei sich sein«) bedeuten? Zur Selbstsicherheit und im Kontakt mit Menschen ist es jedoch wichtig, diese nonverbale Kommunikation zu erproben und zu verstehen.

Die Körpersprache ist zum interkulturellen Verständnis von hoher Bedeutung

Zum interkulturellen Verständnis ist die Körpersprache von hoher Bedeutung, da hier vieles über die nonverbale Kommunikation läuft, besonders wenn kaum Sprachwissen vorhanden ist. So ist die Machtdistanz beispielsweise in der türkischen Kultur größer als in der deutschen, und ein türkischer Arbeiter könnte ein Schulterklopfen eines Meisters als Grenzüberschreitung interpretieren (s. auch Kartari 1997). Der Blickkontakt ist eine weitere wichtige Form, auch in der interkulturellen Begegnung, der nonverbalen Kommunikation, die leider bei uns nicht sehr gepflegt wird. Vielleicht ist das der Grund, warum es »Flirtschulen« gibt? Ein Altmeister auf dem Gebiet der Körpersprache als nonverbale Kommunikation ist der Pantomime Samy Malcho.

Sprache und Stimme werden dahin ausgebildet, dass sie erfolgreich und wirkungsvoll eingesetzt werden können. Die Stimme ist der Spiegel der Seele. Der Sprecher zeigt mit seiner Stimme Emotionen, Denk- und Sichtweisen. Sie ist eines unserer wichtigsten Kommunikationsmittel. Viel mehr als kluge Inhalte und ausgefeilte Fomulierungen zählt der Klang der Stimme, er bestimmt zu vierzig Prozent den ersten Eindruck eines Menschen. Es gibt viele Faktoren die den Klang beeinflussen wie Atemfluss, Redetempo, Artikulation und Resonanz. Ein belastbarer, ausdruckstarker und wirkungsvoller Ton ist für jede erfolgreiche Führungskraft wichtig. Jeder weiß, man hört die eigene Stimme anders, als sie beim anderen ankommt. So erreicht man oft eine andere Wirkung als beabsichtigt und löst damit ungewollt Missverständnisse aus. Es muss kein Schicksal sein, eine eintönige, piepsige Stimme zu haben. Jeder kann lernen, seine Stimme als wichtige Eigenart der Persönlichkeit und als wesentliches Element der Körpersprache gekonnt einzusetzen.

Der Buchtipp
Viele interessante und sehr gut umsetzbare Anregungen finden Sie in »Die Stimme wirkungsvoll einsetzen« (2002) von Sabine F. Gutzeit.

»Sprich, damit ich dich sehe!«
Sokrates

Über das Theaterspiel entdecken die Beteiligten die Vielfalt der Rollen, die ihnen zur Verfügung stehen. Hier ist ein geschützter Raum, in dem sich die unterschiedlichsten Rollen unter Anleitung ausprobieren lassen. »Das inhaltliche Spektrum ist dabei außerordentlich weit. (...) In der Spielanleitung vorgegeben sind dabei wahlweise Rollen, Situationen und Ereignisse aus der Geschichte, aus der Fantasie oder dem aktuellen Lebens- und Zeitgeschehen oder Theatertexte (die bearbeitet, ergänzt oder abgeändert werden). Hauptziel ist dabei nicht die Aufführung, sondern das Experimentieren und Entwickeln von Geschichten und Charakteren.« (Schaller 2001)

Ein Nebenprodukt ist das Kennenlernen und Begreifen von Theaterstücken, Aufführungen und der Kunst des Schauspiels.

An verschiedenen Beispielen soll nun die Bandbreite der unterschiedlichsten Formen des Theater-Spieles in Unternehmen und zum Training der Soft Skills gezeigt werden.

Interaktives Theater

Es wird ein Theaterstück aufgeführt, jedoch dann wiederholt. Oft improvisieren die Schauspieler zu einem vorgegebenen Thema die Szenen und begeben sich in die Rolle der Mitarbeiter. Dabei haben die Zuschauer die Möglichkeit, aktiv durch Zurufen und auch durch Mitspielen auf der Bühne die Verhaltensweisen der Schauspieler zu verändern, Alternativen aufzuzeigen und so den Ablauf und den Ausgang des Stückes zu beeinflussen. Es wird auf der Bühne ein Raum gegeben, in dem sich die Mitarbeiter in ihrer beruflichen Situation und ihrem persönlichen Verhalten wieder finden und den Schauspieler »benutzen«. Sie können so veränderte Verhaltensweisen und ihre Auswirkungen ansehen und durchleben. Im Vergleich zum Unternehmenstheater, in dem berufliche Situationen gespiegelt werden, können hier die Mitarbeiter spontan in das Geschehen eingreifen und so veränderte Situationen erleben und gegebenenfalls in den beruflichen Alltag einfließen lassen.

Improvisationstheater

Bei dieser Theaterform, sind die Szenen nicht inszeniert, sondern improvisiert. Für das szenische Spiel wird nicht nach vorgefertigten Texten gespielt, sondern Vorschläge und aktuelle Themen aus dem Publikum bilden die Grundlage für die Spielsituation.

Szenen werden, meist mit Schauspielern, aus dem Stegreif entwickelt. Ein Moderator übernimmt und strukturiert die Interaktion zwischen dem Publikum und den Darstellern. Oft wird von den Schauspielern zum Anwärmen des Publikums zum Beispiel eine kurze Auseinandersetzung gespielt. Die Zielsetzung des Improvisationstheaters ist es, den Zuschauern den Anreiz zu geben, ihre Einstellungen und das persönliche Verhalten zu reflektieren.

Unternehmenstheater

Ein Team aus Trainern, Regisseuren und Schauspielern entwickeln ein Unternehmenstheater. Mit den Firmen wird jeweils der Inhalt des Stückes, meist aktuelle Themen und Konflikte aus dem Unternehmen, abgesprochen und ein Drehbuch geschrieben. Bei international tätigen Firmen werden auch oft interkulturelle Themen behandelt.

Dieses speziell entwickelte Theaterstück wird zum Beispiel anlässlich einer Tagung aufgeführt. Die dargestellten Themen spiegeln den Mitarbeitern ihre persönlichen Verhaltensweisen und auch insgesamt die berufliche Situation. Es soll zur Diskussion und Lösungssuche unter den Mitarbeitern anregen und realen Ärger abbauen, aber auch eigene Verhaltensweisen bewusst machen und verändern.

Beispielsweise zeigt der Fernsehfilm »Drama in der Firma« (von Wolfgang Seipp und Sebastian Hirt 2000) eindrucksvoll, wie das Ehepaar Strobel, sie Schauspielerin, er Trainer, die bereits vor zehn Jahren das »Business Theater« gegründet haben, arbeiten. Im Auftrag von Unternehmen schreibt Bernhard Strobel Theaterstücke. Wichtig ist ihm dabei, firmeninterne Gegebenheiten und das Betriebsklima persönlich kennen zu lernen. Dany Strobel ist vorrangig für die künstlerische Umsetzung mit Regisseuren und Schauspielern zuständig. So entstehen für die unterschiedlichsten Unternehmen mit den verschiedensten Themen jährlich über 25 Theaterstücke (Adresse im Anhang).

Das Führungstraining »Führung und Regie«

Auf der Bühne, im Brennpunkt stehen, Raum nehmen, den Handlungsraum als Spielraum nutzen, Rolle – Authentizität – Glaubwürdigkeit und Körper – Sprache – Ausdruck – Maske – Gesicht erleben, erfahren die Teilnehmer in diesem Training.

Mit dem prozessorientierten Führungstraining greifen die Trainer Themen der Teilnehmer auf und bringen diese mit Mitteln des Theaters auf die Bühne. Bühne und Theater bilden den Ort für diesen persönlichen Führungsworkshop.

Die Teilnehmer schlagen eine bestimmte Situation aus ihrem Führungsalltag vor, und diese wird von der Führungskraft und/oder anderen gespielt. Die Teilnehmer sind abwechselnd Autor, Regisseur, Schauspieler und Zuschauer der behandelten Szenen. In Zusammenarbeit mit den Trainern lernen die Teilnehmer eigene und fremde Verhaltensmuster zu erkennen, gestalten und verändern.

Beispielsweise wird dann eine Präsentation vor Vorgesetzten, Kollegen und Mitarbeitern zur entscheidenden Lernerfahrung, wenn ein Teilnehmer von der Bühne hinuntersteigt »Komm bitte vom Podest herunter«, und in die Zuschauer gestellt, dort »*seine*« Präsentation gestaltet. Von dem »Drüberstehen« über das »Herunterkommen« zum »Mittendrinsein« und im direkten Kontakt die gleichen Zahlen, Daten und Fakten zu präsentieren, *erleben* Akteur und Teilnehmer Handlungsalternativen für einen lebendigen Führungsalltag.

Die Trainerkombination Renate Köckeis, Theaterregisseurin und Expertin für Theater, Bühne, Raum, und Hanno Dieckmann, Bankkaufmann, Betriebswirt, Experte für Führung und Kommunikation in Unternehmen gestaltet dieses Training zu einem besonderen Erlebnis.

Auszubildende spielen Theater

Auszubildende aus verschiedenen Bereichen eines bekannten Automobilunternehmens entwickelten unter Anleitung von Trainern und Theaterpädagogen ein Theaterstück, welches im Betrieb vorgeführt wurde. Schwerpunkte des Projektes waren die Personalqualifizierung mittels Theaterstück sowie die pädagogische und dokumentarische Gesamtbegleitung. Es sollten mehrere anstehende Probleme der Auszubildenden in dieser Form bearbeitet werden. Als Zielsetzung dieses Projektes wurde angegeben:

- Sichtbare Entwicklung von Schlüsselqualifikationen.
- Abbau berufsbezogener Fremdheit.
- Flexibilisieren der Ausbildungsmethodik auf künftige Anforderungen.
- Ansprechen von potenziellen Bewerbern von Ausbildungsplätzen.

Es handelte sich um einen Modellversuch, der parallel zur regulären Ausbildung für alle einen zusätzlichen Aufwand bedeutete. Die Workshops liefen über einige Monate und verlangten von den Teilnehmern volles Engagement. Dieses zeichnete sich aus durch Kreativität, Initiative, Eigenverantwortlichkeit, Teamgeist, Organisationsfähigkeit, die alle Soft Skills beinhalteten. Erreicht wurde unter anderem ein neues Denken und eine neue Selbst- und Fremdwahrnehmung. Die Krönung war die erfolgreiche Aufführung dieses Theaterstückes im Unternehmen. Man sah, dass das Schauspiel eine Persönlichkeitsentwicklung der Auszubildenden zur Folge hatte. Das Theater gab den nötigen Raum zur Selbsterfahrung.

Selbstverständlich folgte nach der Aufführung eine Auswertung und Vertiefung des Projektes mit den Trainern und den Auszubildenden. Gemeinsam wurden Gruppenprobleme und das persönliche Entwicklungsbild angesprochen, reflektiert und visualisiert. Die Ergebnisse des gemalten, persönlichen Entwicklungsbildes wurden von jedem Teilnehnehmer sehr selbstkritisch vorgestellt und erläutert. Nach einigen Monaten erfolgte eine Nachlese »Was ist übrig geblieben?«. Hierbei wurden auch die Vorgesetzten in die Feedbackrunde eingebunden.

Studenten spielen Theater und debattieren an der Universität Köln

Ein bundesweit einmaliges Projekt ermöglicht Wirtschaftsstudenten der Universität Köln, als freiwillige Ergänzung zum Studium, sich im »American Management Seminar« (AMS) auf das Berufsleben vorzubereiten.

> Teil der englischsprachigen Seminarreihe ist das Theaterstück von T.S. Elliot »Murder in the Cathedral«. Das Stück wurde von den Studenten einstudiert und aufgeführt, auch die Regie übernahm ein Student. Keiner hatte Schauspielerfahrungen, jeder musste erst lernen auf der Bühne vor einem größeren Publikum zu sprechen, mit Lampenfieber und Kritik umzugehen, eine andere Rolle anzunehmen und zu spüren wie die persönliche Körpersprache auf andere wirkt. Die Studenten sagen selber »Wer auf der Bühne gestanden hat, schafft jedes Referat ohne Lampenfieber und wird später auch keine Angst vor Unternehmenspräsentationen haben.«

Nur die besten Studenten, die aus den vorangegangenen Kreativkursen ausgewählt wurden, werden in den Kreis des »Alpha-Corp« zum Schauspielen und Debattieren aufgenommen. Die Kreativkurse umfassen unter anderem bildnerisches Gestalten oder das Spielen von Musikstücken mit selbst gebauten Instrumenten. Der amerikanische Gastdozent Paul Drew-Bear vermittelt bereits seit 20 Jahren den Studenten Soft Skills in Kreativkursen, Theatergruppen, Literatur-Workshops oder Kursen zur Konfliktlösung. Er ist seit 1998 mit seinen Kursen an der Kölner Universität.

Die Kunst des Streitens nach englischem Vorbild

Die Kunst des Streitens wird in einem Debattierclub »Tilbury House«, den Paul Drew-Bear gründete, nach englischem Vorbild (pro und contra) natürlich auf Englisch, geübt. Die Studenten trainieren die Rhetorik und lernen dabei auch die gegnerischen Argumente in die eigene Rede einzubeziehen. Einmal in der Woche treffen sich die Clubmitglieder. Jedes Jahr gibt es einen Wettbewerb, in dem zwei Teams streiten, zum Beispiel zum Thema »Gott gab uns Äpfel, während der Teufel uns Schokolade gab«. Skurrile Themen gehören zum Oxford-Stil, zum Cambridge-Stil gehören eher ernsthafte Themen. Eine sehr strenge Jury ermittelt das Siegerteam, welches an der Europameisterschaft der Debattierer teilnimmt. Der Wettbewerb wird sehr stilvoll – eben englisch – inszeniert. Anzug und Krawatte sind Pflicht, die Damen erscheinen in entsprechend angepasster Kleidung wie dem klassischen Kostüm oder einem eleganten Hosenanzug . Das gepflegte Rededuell gehört seit über 150 Jahren zum Curriculum der angloamerikanischen Universitäten und ist in Deutschland eher unbekannt.

Es ist klar, dass sich namhafte Unternehmen für diesen studentischen Nachwuchs interessieren. Bei den Theateraufführungen sitzen nicht nur Vertreter aus der Wirtschaft und von Unternehmensberatungen im Publikum, sondern auch in der Jury der Rededuelle. Gesponsert werden die Kurse unter anderem von McKinsey und Bertelsmann. Die Unternehmen wollen auf diese Art zwanglos eventuelle neue Mitarbeiter kennen lernen und Kontakte knüpfen. Bertelsmann überlegt, aufgrund der Erfahrungen aus diesen Aktivitäten, Kreativkurse für die Mitarbeiter anzubieten. Es ist allen klar, das solche Aktivitäten die Soft Skills fördern und für die Studenten einen Wettbewerbsvorteil darstellen.

Tanz und Musik

Im Tanz können neue Formen der Selbstdarstellung entdeckt werden

Die Auseinandersetzung mit Tanz und Musik fördert gleichermaßen Eigen- und Fremdwahrnehmung, Motorik, Teamfähigkeit, Ideenfindung und Kreativität. Wir wissen aus Tanzveranstaltungen und Diskotheken: Es herrscht eine aufgelockerte Atmosphäre, die Menschen sind in Bewegung, Begegnungen finden statt. Einige Tanzende fallen durch ihr harmonisches Zusammenspiel von Körper, Bewegung, Rhythmus und Emotionalität auf, oft gesellen sich andere Tänzer dazu. Ein gemeinsames Erleben entsteht, getragen von Musik und Tanz. Was hat das mit Methode zu tun? Auch hier finden wir eine Form der nonverbalen Kommunikation, die meist intuitiv eingesetzt wird und wo unbewusst Signale gesendet werden. Im Tanz können Bewegungsrituale und Grenzen aufgebrochen und neue Formen der Selbstdarstellung entdeckt werden.

Eine Steigerung ist es, wenn zur Bewegung das »Musik machen« hinzukommt. Eine wechselseitige Vernetzung von Klang und Bewegung entsteht, wenn eine Gruppe oder ein Team auf einfachen Instrumenten, unter Einsatz der Stimme in »Bewegung« kommt. Die Beteiligten lernen hierbei nicht nur persönlichen Ausdruck und das Bewegungsrepertoire kennen. Sie haben die Gelegenheit, es zu erweitern und mit der Gruppe in Beziehung zu treten und zu improvisieren. Durch die Bewegung werden auch Lern- und Denkprozesse leichter in »Gang gesetzt«. Die unterschiedlichen Methoden werden in der beruflichen Fortbildung eingesetzt.

Ein interessantes Beispiel sind die Seminare einer ehemaligen Opernsängerin, die als Sprechtrainerin arbeitet. Sie hat mit ihrer Profession ein neues Berufsfeld gefunden. Damit das Publikum, welches auch Mitarbeiter oder Kunden sein können, aufmerksam zuhören, sind korrekte Aussprache, Klang, Ausdruck, Modulitäten, Geschwindigkeit, Lautstärke sowie Gestik und Mimik, welche im Einklang sein sollten, erforderlich. Für Zuhörer sind Schnellsprecher, Redemuffel, Äh-Sager, Nuschler schwer verständlich und anstrengend. Es gibt auch Menschen mit Sprechangst, die von Lampenfieber geplagt werden, wenn sie nur ein Rednerpult sehen. Diese Probleme kennt die Sängerin von ihren Auftritten. In ihren Seminaren legt die Trainerin großen Wert auf die richtige Atemtechnik. Es ist erwiesen, dass durch die richtige Atmung das Gehirn mit Sauerstoff versorgt wird, wodurch der Redner nicht nur sein Lampenfieber besser in den Griff bekommt, es beugt auch dem gefürchteten Blackout vor. Die Atemübungen werden durch verschiedene Sprechtechniken mit Lauten wie zischen, brummen, ergänzt. Hier fühlen sich die Teilnehmer oft in die Kindheit versetzt. Kinder atmen automatisch richtig, ihre Stimme ist noch nicht verbildet wie die der Erwachsenen. Beispielsweise bei Männern, die gepresst oder farblos reden. Oder: Frauen, die oft zu hoch sprechen und häufig im Stress merken, wie ihre Stimme schrill wird. Die Übungen erreichen, dass die Teilnehmer ihre natürliche Stimmlage wieder entdecken. Sie erleben sich und die anderen vor dem Plenum und vor der Kamera. Oft haben sie Einstiegsprobleme mit den Methoden aus der Musikpädagogik, Angst sich lächerlich zu machen. Hier ist es für die Künstlerin wichtig, als Trainerin über Kompetenzen zu verfügen, um den Teilnehmern die Scheu zu nehmen.

Ein solches Training ist nur wirksam, wenn es über einen längeren Zeitraum, mindestens drei Tag, geht und nicht in ein paar Stunden abgearbeitet wird. Das geübte, bewusst gemachte Stimmverhalten im Zusammenspiel mit der Körpersprache soll in der Alltagssituation umgesetzt werden.

Ein Team soll in Bewegung sein, im gemeinsamen Arbeiten einen Rhythmus finden. Oft finden jedoch Begegnungen dieser Art in Seminaren am Abend statt, zum Beispiel in einem gemeinsamen Besuch einer Diskothek. Im Seminar könnte die Form der Begegnung reflektiert und in den Alltag transportiert werden wie im nachfolgenden Beispiel.

Das »Institut Rhythmikom« in München bietet Seminare für Teamwork an: »Für Teams ist die Rhythmik eine Methode, sich im gemeinsamen Tun – »in Bewegung« kennen zu lernen: Im nonverbalen Kontakt, in Aktion (durch Bewegung), mit Spaß und in gemeinsamen Gestaltungsprozessen. Der Austausch kann im anschließend angeleiteten Gespräch stattfinden, um zum Beispiel die Konflikte innerhalb eines Teams zu bearbeiten.« (Auszug aus dem Programm)

Wie bereits erwähnt (s. S. 78), gibt es an der Universität Köln einen Kreativkurs, in dem die Studenten selber Instrumente bauen. Gemeinsam erarbeiten sie mit ihrem Instrumenten zum Beispiel das Musikstück von Prokofjew »Peter und der Wolf«. Dabei spielt nicht nur die Kreativität eine Rolle, sondern auch die Teamarbeit beim Erarbeiten des Musikstückes.

Und wo bleibt der Humor?

Zunehmend zeigen sich Unternehmen offener für spielerisches und erlebnisorientiertes Lernen. Humor eröffnet nicht nur kreative Ressourcen, sondern spielt, da er zur positiven Atmosphäre in einem Unternehmen beiträgt und den Teamgeist der Mitarbeiter fördert, eine bedeutende Rolle.

In den Stellenanzeigen in den großen Tageszeitungen liest man, dass neben der fachlichen Qualifikation heute gleichrangig »Begeisterungsfähigkeit«, ein »freundliches Wesen« sowie »Freude am Umgang mit Kunden und Mitarbeitern« erwartet werden. In der Werbung ist gehaltloses Lächeln und Lachen zu sehen, ein klarer Hinweis für die Menschen, »gut drauf« sein zu müssen. Dieses scheint überspitzt, ist in der Wirklichkeit aber anscheinlich auch gefordert, um beruflich und privat erfolgreich zu sein.

Zunächst: sich selbst nicht zu ernst nehmen

Wieso wünschen Personalchefs von ihren Mitarbeitern nicht Sinn für Humor? Oberflächliches Lachen muss nicht Ausdruck von Humor sein. Es gibt dazu die verschiedensten Theorien sowie die unterschiedlichsten Betrachtungsweisen wie man Humor definiert, vom Überlegenheitsgefühl wenn der Humor auf Kosten anderer geht, bis zum Humor, bei dem man auch einmal über sich selbst lacht. Die »Humorforschung«, besonders in der Psychotherapie, steht noch am Anfang. Wichtig ist, dass man sich mit Humor nicht selbst zu ernst nimmt und dass er hilft, mit den Problemen des Lebens besser umzugehen und vielleicht auch Lösungen dafür zu finden. Oberflächlichkeit und übertriebener Optimismus haben mit Humor nichts zu tun. Auch können zum Beispiel in Mobbing-Situationen humoristische Mittel schnell missverstanden werden. Nicht immer ist Humor angemessen, dazu gehört Fingerspitzengefühl. Jedoch ist sicher, dass Mitarbeiter in einer fröhlichen Atmosphäre mehr Leistung bringen als in einer gedrückten Stimmung. Das heißt auch mehr Erfolg durch Spaß am Arbeitsplatz. Daher trainieren immer mehr Humorexperten Mitarbeiter in Unternehmen, um so manchen trüben Betrieb in ein »Land des Lächelns« zu verändern. In Seminaren lernen die Mitarbeiter einschließlich der Führungskräfte wieder Lachen und Improvisieren, sich nicht immer so ernst zu nehmen, sodass sich durch Humor und gemeinsames Lachen Spannungen, Konflikte und Blockaden abgebaut werden.

In den Vereinigten Staaten gibt es schon einige Arbeitgeber, die die leistungsfördernden Aspekte des Humors in ihren Betrieben umsetzen, da sie sich darüber bewusst sind, dass Humor

Humor fördert die Leistungsbereitschaft

- die Arbeitsmoral erhöht,
- Teamgeist und Kreativität fördert,
- den Stress verringert und
- die persönliche Widerstandsfähigkeit erhöht.

Die Southwest Airline etwa achtet bei Einstellungsgesprächen darauf, dass die Bewerber einen gesunden Humor mitbringen. Wer bei der Frage: »Wie haben Sie in Ihrem letzten Job einmal eine Situation durch Humor geklärt?«, keinen gut gelaunten Spruch bereit hat, braucht nicht mit einer Einstellung zu rechnen.
Humor ist nicht zufällig Einstellungskriterium Nummer eins, sondern gehört zur Strategie des Unternehmens. Denn in einem humorigen Arbeitsklima, glauben die Verantwortlichen bei der Fluggesellschaft, arbeitet es sich leichter. Die Mitarbeiter sind flexibler und können so auch unter Druck kreativ und effektiv sein. Um die Passagiere bei Stimmung zu halten, setzt die amerikanische Fluggesellschaft auf Humor. Wenn die Kapitäne in die Witzkiste greifen, belustigt das nicht nur die flugangstgepeitschten Passagiere, sondern gleichermaßen das Bordpersonal.
Die humoristischen Einlagen in den Southwest-Flugzeugen sind bekannt:. Die langweiligen Sicherheitsinstruktionen klingen etwas unkonventionell: »Bitte stellen Sie Ihre Sitze in die aufrechteste und ungemütlichste Position, die Sie einnehmen können« oder »There are twenty ways to leave your lover – aber nur drei, um dieses Flugzeug zu verlassen« nach einem bekannten Song. Die Fluggesellschaft fährt, nach eigenen Angaben (vor dem 11.9.01), als einzige in den USA seit 25 Jahren Gewinne ein – angeblich dank des Humors.

SeitenWechsel®

Vor über zehn Jahren wurde das Projekt »SeitenWechsel®« (Marke geschützt) von der »Schweizerischen gemeinnützigen Gesellschaft« ins Leben gerufen. Ziel war und ist es, Raum zu schaffen für Begegnungen zwischen Führungskräften der Wirtschaft und Verantwortlichen sowie Benutzern von sozialen Organisationen. Die Auseinandersetzung mit sozialen und gesellschaftlichen Fragen soll gefördert werden. Die grenzüberschreitende Zusammenarbeit dient ferner dem Abbau von Vorurteilen. SeitenWechsel® sieht sich als Weiterbildungseinrichtung in sozialer Kompetenz. Darunter wird verstanden:

- Sozial kommunizieren mit Menschen, die sich in einer schwierigen sozialen und persönlichen Situation befinden.
- Die eigenen Wertvorstellungen in der intensiven Begegnung mit Menschen am Rande der Gesellschaft zu hinterfragen.
- Soziale Verantwortung im Unternehmen und Engagement im privaten Umfeld zu übernehmen.

Die Projektleitung stellt die Kontakte zur Wirtschaft und den sozialen Instituten her. Sie übernimmt auch die Vorbereitung und Organisation sowie das Lernangebot mit den ausgewählten Einrichtungen.

Das Lernangebot umfasst einen Einführungstag, an dem sich die Teilnehmer über die sozialen Einrichtungen eingehend informieren können, um dann zu entscheiden, in welche Institution sie gehen wollen. Die Einsatzwoche dauert von Montag bis Freitag. Es ist gewährleistet, dass die Teilnehmer sorgfältig eingeführt und in die soziale Arbeit mit fachlicher Begleitung einbezogen werden. Im Auswertungsseminar reflektieren die Teilnehmer, wie sie die neuen Erfahrungen in den eigenen Berufsalltag und in ihre Führungsaufgaben integrieren können. Um den Transfer in der Berufsalltag zu fördern, sind zur Vertiefung weitere Treffen oder Seminare angesagt. Über 870 Manager leisteten in der Schweiz Einsätze in Kindergärten, Drogenprojekten, Gefängnissen, Hospizen und anderes mehr.

Seit März 2000 hat die »Patriotische Gesellschaft von 1765« in Hamburg einen Lizenzvertrag mit SeitenWechsel® für ganz Deutschland. Bereits über 137 Führungskräfte haben an diesen Veranstaltungen teilgenommen.

> »Einer von ihnen ist Direktor bei der Hamburgischen Landesbank. Für eine Woche war der Abteilungsleiter (...) auf einer Drogenstation des Hamburger Klinikums Nord und hat dort im täglichen Kampf gegen die Abhängigkeit mitgearbeitet. (...) Für ihn bedeutete dies die Teilnahme an den Gruppenvisiten, an der Kunst- und Sporttherapie der Patienten oder an deren Gesprächen mit ihren Betreuern. ›Bei den gemeinsamen Runden des Personals konnte ich meine Erfahrungen, die ich im Gespräch mit dem jeweiligen Patienten gemacht habe, auch einbringen‹, sagt er rückblickend. Vorbehalte gab es auch – und zwar nicht auf Seiten der Manager. ›Die Patienten fragten sich natürlich schon, was man dort macht und ob man einfach nur das Elend anderer bestaunen will‹ erinnert er sich. (...) ›Unsere Führungskräfte müssen bei diesem Projekt beispielsweise mit Aids-Kranken oder Behinderten sprechen, deren Schicksal nicht zu ändern ist. Manager sind aus ihrer täglichen Arbeit aber anderes gewohnt: Sie wollen Probleme immer lösen.‹ Auch der Faktor Zeit erhalte hier einen ganz anderen Stellenwert. ›Jemandem zuhören zu können, ohne seine Situation damit grundlegend zu verändern, ist bei SeitenWechsel elementar‹ sagt Maximilian Haselbach UBS-Personalfachmann. Führungskräfte würden auf diese Weise lernen, sich im Berufsalltag auch für die Probleme ihrer Mitarbeiter mehr Zeit zu nehmen. « (FAZ, 9.2.2002)

Führungskräfte profitieren von den für sie ungewöhnlichen Einsätzen

Am meisten profitieren die Führungskräfte von diesen Einsätzen, da das Lernen auf emotionale Erfahrung stützt. Die dadurch veränderte, verschärfte Wahrnehmung wird im Alltag wieder umgesetzt. Das zeigt sich zum Beispiel am schnelleren Erkennen von sozialen und zwischenmenschlichen Problemen im Unternehmen. Flexibilität zeigt sich daran, wie schnell sich die Teilnehmer in der neuen Situation zurechtfinden. Die Auseinandersetzung und Kommunikation mit schwer kranken Menschen oder unlösbaren Problemen sensibilisiert für die Situationen der Mitarbeiter. Für alle Teilnehmer ist die Einsatzwoche sicher ein tiefes, wichtiges Erlebnis in dem Denkprozesse ausgelöst werden, die anhaltend und langfristig nachwirken.

Planspiele

Neben der Vermittlung von betriebswirtschaftlichem Wissen werden Planspiele sowohl zur Mitarbeiterrekrutierung als auch zum Training von Soft Skills eingesetzt. Immer mehr Unternehmen lassen, ihre Mitarbeiter mittels multimedialer Lernprogramme oder computergestützter Lernumgebungen schulen. Die klassischen multimedialen Lernprogramme ermöglichen den Mitarbeitern ein selbstständiges Lernen mit dem Computer auf CD-ROM. Zwei oder mehr Mitarbeiter können gleichzeitig kooperativ über Web-Based-Training (WBT) lernen. Ein umfassendes Lernangebot stellen dem Lernenden Lernportale mit Coachingfunktionen per Chat oder E-Mail zur Verfügung. Eine ortsunabhängige, synchrone Schulung mehrerer Teilnehmer ist in virtuellen Seminaren über Web-Cam und Internet beziehungsweise Intranet möglich. Vorrangig werden Hard Skills vermittelt, jedoch auch immer mehr E-Learning-Module zur Soft-Skill-Schulung eingesetzt. Im Gegensatz zur Wissensvermittlung sind die Lernprozesse bei dieser Form der Soft-Skill-Vermittlung vielschichtiger und zeitintensiver. Verhaltensmuster müssen nicht nur kognitiv verändert, sondern gemeinsam trainiert werden. Wichtig ist, dass die multimediale Lernumgebung eingebettet ist in ein komplettes Lernarrangement.

Das DEKRA-Planspiel »Der Manager im Handelsbetrieb« ist die multimediale Weiterentwicklung eines der Ergebnisse des von der DEKRA Akademie GmbH im Auftrag des Bundesinstituts für Berufsbildung (BiBB) durchgeführten Modellversuchs mit dem Titel »Konzeption zur Vermittlung von Controlling-Wissen als Zusatzqualifikation für Mitarbeiterinnen und Mitarbeiter in kleinen und mittleren Unternehmen«. Der Modellversuch stand dabei unter folgender Zielsetzung: Ein Unternehmen, das innovativ und konkurrenzfähig bleiben will, muss laufend seine Produktionsprozesse und Produkte überprüfen. Es muss zu einer »Lernenden Organisation« werden. Dazu gehört, dass es Veränderungen in seiner Umwelt aktiv wahrnimmt. Solche Veränderungen zu erkennen, aufzunehmen und strategisch in die verschiedenen Unternehmensabläufe einzuflechten, muss deshalb die Aufgabe aller Beteiligten im Unternehmen sein. (...)

Neben den fachlichen Kompetenzen im Bereich des Controlling sollen deshalb auch folgende Grundqualifikationen im Rahmen des Modellversuchs und in diesem Sinne im Rahmen des Planspiels vermittelt werden:

Schlüsselqualifikationen mit Hilfe eines Planspiels fördern

- Vernetztes Denken und Handeln.
- Unternehmerisches Denken und Handeln.
- Übergreifende Kommunikationsfähigkeit.
- Planungskompetenz.
- Problemlösungskompetenz.
- Betriebswirtschaftliche Grundkenntnisse.

Unter dem Aspekt dieser Zielsetzungen wurde auch das DEKRA-Planspiel »Der Manager im Handelsbetrieb« konzipiert und entwickelt.

In einer Studie der DEKRA-Akademie zur »Lernenden Organisation« (Littig 1996) wurden ungefähr 100 Unternehmen verschiedener Branchen dazu befragt, welche Anforderungen sie an Mitarbeiter eines lernenden Unternehmens stellen. Dabei gaben 89 Prozent der Befragten das »Denken in Zusammenhängen« an erster Stelle vor der »Bereitschaft und Fähigkeit zur Teamarbeit« (75 Prozent) und »Umstellungsfähigkeit« (42 Prozent) an.

Ziel der beruflichen Aus- und Weiterbildung sollte es deshalb im Sinne einer Kundenorientierung sein, den Qualifizierungsteilnehmern ein möglichst ganzheitliches Wissen der betrieblichen Teilbereiche und deren Zusammenhänge zu vermitteln. Einen systemischen Ansatz verwirklicht hierbei das DEKRA-Planspiel »Der Manager im Handelsbetrieb«, das den Übergang von einer traditionellen linearen Denkweise hin zu ganzheitlichen, komplexen Denkweisen einführen und üben will. Durch ein effizientes Anwenden des DEKRA-Planspiels sollen die Anwender dafür sensibilisiert werden, dass im Berufsleben spontane Entscheidungen zu vermeiden sind, deren Wirkungen häufig nur wenig mit den eigentlichen Absichten gemein haben.

Wichtigen Entscheidungen muss eine angemessene Problemanalyse vorausgehen! (Peter Brachinger, DEKRA-Akademie GmbH, www.vernetzt-denken.de)

Die Kosten lassen sich zwar durch ein CBT Soft-Skill-Training reduzieren, ersetzen es aber nicht. Denn die Verteilung von CD-ROMs an die Mitarbeiter ist kein Ersatz für eine sinnvolle und zielgerichtete Mitarbeiterfortbildung.

»Es gilt die Frage zu klären, welche Erkenntnisse auf der durch den Einsatz des Computers eingeführten doppelten Abstraktionsebene gewonnen werden können und ob die solchermaßen gewonnenen Erfahrungen auf konkrete komplexe Situationen transferiert werden können.
Simulationen, und das gilt gerade für Planspiele, zeichnen sich dadurch aus, dass wir Erfahrungen sammeln können und Irrtümer begehen dürfen, für die wir nicht teuer bezahlen müssen oder bei denen nicht gleich die Welt untergeht. Für unsere Erfahrungen benötigen wir aber, dass wir Fehler machen dürfen und deren Konsequenz erkennen. Wir leben in einer Welt der so genannten »Risikogesellschaft« wie Ulrich Beck es formuliert hat, in der wir in vielen Bereichen nichts mehr riskieren können, weil diese Fehler in eine Katastrophe münden würden.
Beim Einsatz von Computerspielen ist daher darauf zu achten, dass nicht die Gewissheit vermittelt wird, mit Fremdprognosen und -statisiken, mit Planspiel und Computersimulation ließe sich der Irrtum in der Praxis völlig vertreiben. Es gehört zum Wesen des Menschen, und auch dafür muss das Bewusstsein geschärft werden, dass, wo immer wir Entscheidungen treffen, Urteile abgeben, Handeln und in die Zukunft planen, wir Irrtümer begehen und Fehlentscheidungen treffen können.« (s. Kaiser 1994)

Das Fernplanspiel DIMAXX richtet sich an Führungs- und Nachwuchsführungskräfte, die ihre Kompetenzen im Dienstleistungsmanagement weiterentwickeln wollen. Die Geschäftsführung eines virtuellen Dienstleistungsunternehmens übernehmen Teams aus vier bis sechs Personen. Ihre Aufgabe besteht nicht nur darin, das Unternehmen erfolgreich zu führen, sondern sich auch gegen drei reale Wettbewerber durchzusetzen. Das Lernkonzept umfasst neben dem Fachwissen, praktische Umsetzung, Feedback, Teamarbeit, hohe Motivation und durch den Wettbewerb nachhaltige Lerneffekte. Zu diesem Wettbewerb melden innovative Unternehmen in und außerhalb Deutschlands Teams an. Dr. Hans-Jörg Fechner, der beim Universitätsseminar der deutschen Wirtschaft das Fernplanspiel DIMAXX für den Dienstleistungssektor betreut, berichtet: »Sie (die Mitarbeiter) bilden bewusst Teams, deren Mitglieder weit voneinander entfernt stationiert sind.« Sie arbeiten an der richtigen Spielstrategie und lernen dabei, die Kommunikation über das firmeneigene Intranet abzuwickeln, eine Möglichkeit die Organisation auf das Zukunftsmanagement in virtuellen Teams vorzubereiten.

Bei der Rekrutierung von Mitarbeitern, die gezielt nach dem Lebenslauf ausgesucht sind, werden oft durch Online-Spiele die analytischen Fähigkeiten und die Soft Skills, hier sind Kommunikationsfähigkeit, Kompromissbereitschaft, Teamfähigkeit und Flexibilität gemeint, geprüft. Eine gute Präsentation und

Rhetorik ergänzen dann das Bild von dem Teilnehmer. Diese Form der Rekrutierung, meist durch Unternehmensberater, ist in Fachkreisen stark umstritten. Gegner halten Planspiele zur Weiterbildung, aber nicht zur Personalrekrutierung für geeignet.

Eine weitere Möglichkeit der persönlichkeitsorientierten Weiterbildung ist die Verknüpfung von Fachwissen mit didaktischen und methodischen Konzepten, die die Soft Skills fördern.

Didaktisch bedeutet dies für den Trainer eine situations- und handlungsorientierte Unterrichtskonzeption, die die Wissensvermittlung im Frontalunterricht ablöst. Die Inhalts-, Methoden- und Medienwahl sollte Möglichkeiten und Perspektiven eröffnen, dass optimal Bildung, Selbstbestimmung und -verwaltung möglich ist. Das heißt, dass das Training (auch die Vorlesung an der Hochschule) so ausgerichtet ist, dass die Teilnehmer in der Lage sind, selbstständig und im Team Probleme zu lösen, sich Wissen anzueignen und neue berufliche Situationen zu bewältigen.

Es folgen nun weitere Methoden als Ergänzung oder Ablösung des Frontalunterrichts, die zum Transfer von Fachwissen und der Förderung der Soft Skills dienen. Besonders wichtig sind diese Methoden für Team- und Gruppenarbeiten, um Fachwissen zu erarbeitet oder in denen neue Ideen und Lösungswege gefunden werden sollen. Hierbei müssen die Teammitglieder kommunizieren, kritikfähig- und konfliktfähig sein, um erfolgreich gemeinsam und prozessorientiert zu einem Ergebnis zu kommen.

Weitere kreative Methoden

Mind-Mapping

Mind-Mapping ist eine Methode, um spontane Gedanken aufzuschreiben und aufzuzeichnen. Sie ist einfach, universell einsetzbar, schafft Übersicht und bringt mit einfachen Mitteln neue Ideen. Im Teamwork erleichtert sie die Kommunikation, da die Gedanken der Einzelnen nicht sofort verarbeitet, sondern einfach notiert werden. Mind-Maps sind so gestaltet, dass sie im kreativen Prozess immer geordnet und übersichtlich sind und problemlos ergänzt und erweitert werden können, das heißt, sie sind nie fertig. Sie sind ein Abbild des Denkens. Mind-Maps sind auch gut geeignet als Erinnerungsstütze, wenn in der Gruppe ein Thema wieder aufgegriffen werden soll.

Man braucht eine mit einem großen Bogen Papier bespannte Pinnwand und bunte Stifte. In der Blattmitte beginnt der Schreiber mit dem zentralen Begriff oder Symbol. Ausgehend davon werden Linien abgezweigt, so genannte Hauptäste, die die wichtigsten Aspekte der Teamarbeit aufzeigen. Jede Linie erhält ein wichtiges Stichwort. Unterpunkte bilden die Nebenäste. So hat die Gruppe die Möglichkeit, mit den Gedanken von Ast zu Ast zu springen und beliebig das Mind-Map mit Haupt- und Nebenästen wachsen zu lassen. Der Kreativität sind keine Grenzen gesetzt, sodass auch Bilder und Symbole eingefügt werden können. Es sollen möglichst alle Gedanken festgehalten werden, kontrolliertes Denken bitte ignorieren.

Brainstorming

Brainstorming ist eine der ältesten, bekanntesten und beliebtesten Kreativitätstechniken für das Teamwork. Innerhalb relativ kurzer Zeit lässt sich eine Vielzahl von Ideen produzieren. Diese Methode ist deshalb besonders als Anfang eines Projektes geeignet. Es werden ein Protokollant und Moderator sowie Flipchart oder Tafel und Stifte benötigt. Alle Ideen, die spontan aus der Gruppe kommen, werden festgehalten und können später nach Themen sortiert werden. Ausgefallene, vielleicht auch auf den ersten Blick noch unsinnige Ideen sind sehr willkommen, Quantität geht vor Qualität. Kritik ist untersagt. Die Ideen anderer können aufgriffen, weiterentwickelt und neu kombiniert werden.

635-Methode (Brainwriting)

Brainwriting gehört zu den bekannten, schriftlichen Ideenfindungsmethoden. Hiermit will man vor allem erreichen, dass Ideen aufgegriffen und weiterentwickelt werden, was die Ideenqualität steigert. Das Prinzip dieser Methode besteht darin, dass sechs Teilnehmer, drei Ideen in Zeitabschnitten von jeweils fünf Minuten auf ein Formblatt mit Tabelle niederschreiben.

Vor allem im Team eine großartige Methode der Ideenentwicklung

Im Team wird das Projekt vorgestellt und besprochen. Anschließend schreiben die Teilnehmer ihre drei Ideen in die oberste Zeile des Formblattes. Nach fünf Minuten wird das Blatt im Uhrzeigersinn ausgetauscht. Unter die ersten drei Ideen folgen drei weitere neue Ideen, es können auch Ergänzungen oder die Variation der Voridee sein. Das Blatt rotiert weiter, bis es voll ist, im Idealfall beendet man nach dreißig Minuten die Runde und hat 108 (3x6x6) Ideen hervorgebracht. Günstig ist bei dieser Methode, dass sich mögliche Gruppenspannungen nicht auf den Prozess der Ideenfindung auswirken. Später lassen sich eindeutig patentreife Lösungen dem Urheber zuordnen. Brainwriting setzt auf die kreativitätsfördernde Wirkung von Stress und die Originalität spontaner Antworten und wird aus diesem Grund oft in Teams von Werbefirmen für neue Projekte eingesetzt.

Disneys Denkstühle und De Bonos Denkhüte

Beide Techniken arbeiten mit Imagination. Sie sind flexibel und oft erstaunlich effektiv. Die Teilnehmer werden in die Lage versetzt, ein Problem aus unterschiedlichen Perspektiven zu durchdenken. Die Projektion auf bestimmte Rollen erlaubt ein spielerisches und »schonungsloses« Vorgehen. In Teams lösen sie oft Spannungen.

Disneys Denkstühle

Man braucht drei unterschiedliche Sitzplätze, Papier, Schreibzeug.

- **Der Stuhl des Träumers:** Man darf hier fast alles, nur nicht ernsthaft über das Problem nachdenken. Gefragt sind Späße, verrückte Ideen und waghalsige Verbindungen.
- **Der Stuhl des Realisten:** Hier wird der »Normalverstand« eingeschaltet; die verrückten Ideen des Träumers werden pragmatisch und vernünftig weiterentwickelt.
- **Der Stuhl des Kritikers:** Die Ideen werden schonungslos kritisiert.

Die Stühle werden mehrmals gewechselt, zum Abschluss sollte der Teilnehmer möglichst auf dem Stuhl des Realisten sitzen.

De Bonos Denkhüte

Hierfür benötigt man sechs Hüte, Armbinden oder Karten in den Farben Weiß, Rot, Schwarz, Gelb, Grün und Blau für die Teilnehmer der Teamveranstaltung. Ein Wortführer gibt die Farbe des Hutes an, damit entsprechend diskutiert wird. Entscheidend ist, dass jeder Hut eine Bedeutung hat.

- **Der weiße Hut:** Dieser Hut bedeutet Neutralität, und das heißt, es werden nur Informationen beispielsweise über das Arbeitsthema und Tatsachen wiedergegeben.
- **Der rote Hut:** Gefühl und Intuition stehen hier im Vordergrund. Begründungen für die geäußerten Ideen sind nicht nötig.
- **Der schwarze Hut:** Kritik und Bedenken bestimmen diesen Hut. Das bedeutet: bremsen, zur Vorsicht mahnen.
- **Der gelbe Hut:** Hier werden die Vorteile gesehen, Optimismus herrscht vor.
- **Der grüne Hut:** Neue Ideen und Originalität sind gefragt, damit ist dies der eigentliche kreative Hut.
- **Der blaue Hut:** Dieser Hut verlangt Objektivität, Prioritäten werden gesetzt. In der Regel übernimmt der Leiter der Sitzung diesen Hut.

In Teams verhindert diese Methode Positionskämpfe und Konfrontationen. Sie ist daher ein ideales »Werkzeug«, um schneller und besser zum Ziel zu kommen, lange Diskussionen zu verhindern und präzise Ergebnisse zu erhalten.

Methoden in der Schule

Im Schulunterricht werden unter anderem folgende Formen als Alternative zum Frontalunterricht eingesetzt, mit denen die sozialen Kompetenzen der Schüler, wie beispielsweise Teamfähigkeit, gefördert werden.

Der Wochenplan

Der Wochenplan ist eine Unterrichtsform, die den Kindern in der Schule zunehmend selbsttätiges und selbstständiges Arbeiten ermöglichen soll. Die mit dem Wochenplan verbundenen, jeweils genau bestimmbaren stufenweisen Freiräume für aktives Entscheiden, Handeln und zunehmend auch Planen sollen bewirken, dass die Schüler schrittweise immer selbstständiger lernen. Diese Methode kann sehr flexibel eingesetzt werden.

Die Wochenplanarbeit orientiert sich an den persönlichen Lernvoraussetzungen der Schüler, um die Persönlichkeitsentwicklung zu stärken. Die soziale Verhaltensweisen, zum Beispiel Rücksicht, Ordnung und Hilfsbereitschaft, werden durch diese Methode ständig gefordert und gefestigt. Jeder Schüler arbeitet in seinem individuellen Lerntempo und erreicht die grundlegenden Ziele auf unterschiedlichen Stufen und verschiedenen Wegen. Aus den gegebenen Sachzusammenhängen ergibt sich für die Schüler die Notwendigkeit, systematisch zu forschen und zu lernen. Die Möglichkeit, eigenverantwortlich einen Weg zu finden, Erkenntnisse zu erhalten und zu festigen bedeutet sicher für die Schüler sehr viel mehr Lernfreude. Bei dieser Unterrichtsform werden Themen auch in Paar- und Gruppenarbeit erarbeitet.

Das Lerntempo wird individuell bestimmt

Freie Arbeit

Freie Arbeit wird beschrieben als das Nutzen freier Handlungsräume in einem offenen Unterricht mit dem Ziel, Inhalte zu vermitteln, die für die Schüler wichtig sind. Die Schüler können selber bestimmen, was sie Lernen möchten, wie viel Zeit sie dafür benötigen und mit wem sie zusammen an einem Thema arbeiten wollen. Die Themen können in mehr oder weniger engem Zusammenhang mit dem Unterricht oder dem Schulumfeld stehen. Die Schüler haben auch die Möglichkeit, an kreativen, problemlösenden oder spielerischen Lernangeboten zu arbeiten. Die Vorhaben und Aufgaben können in einen Tages- oder Wochenplan, einen Arbeits- oder Themenplan oder ein Projekt eingebunden sein. Ein wichtiger Aspekt bei dieser Methode ist, dass die Eigeninitiative und das Selbstvertrauen geweckt bzw. gefördert werden sollen. Soziale Kontakte müssen aufgenommen und vertieft werden. Diese Unterrichtsmethode ist in Begleitung eines kompetenten Lehrers eine intensive Förderung der Schlüsselqualifikationen bei den Schülern.

Die Schüler erhalten viele Möglichkeiten, an Lernangeboten zu arbeiten

Die Methodenvielfalt ist für Trainer und Lehrer von großer Bedeutung, selbst wenn »nur Fachwissen« vermittelt wird. Auch für sie gilt, die theoretisch angeeignete Methode lässt sich schwer wirksam in die Praxis umsetzen, sie muss erfahren und beherrscht werden, um sie in den Lern-Lehr-Prozess einzubinden. Leider gibt es noch viele Lehrer nicht nur in Schulen, sondern auch in der beruflichen Weiterbildung, die sich dieser Herausforderung unter Angabe von vielen Gründen nicht stellen.

Die Wirksamkeit teilnehmeraktiver Methoden im Training

Mit der Frage »Was bringt das Seminar?« wird jeder Trainer konfrontiert, der Seminare oder Workshops zur Persönlichkeitsentwicklung (Verhaltenstraining) anbietet. Nicht ohne Grund, denn Unternehmen investieren eher in ihren Maschinenpark als in ihre Mitarbeiter.

Kann die Wirkung teilnehmeraktiver Methoden überprüft werden?

Seminare sind häufig »Alibi-Veranstaltungen« der Unternehmen unter dem Motto »Wir tun etwas für unsere Mitarbeiter!«. Was bedeutet das für den Trainer? Es wird erwartet, dass Mitarbeiter in einem Ein-bis-drei-Tage-Seminar Soft Skills wie Kommunikation lernen und mit neuem Verhalten die Produktion des Unternehmens steigern. Wenn es so einfach wäre!

Bis heute beweist keine empirische Forschung die Zweckmäßigkeit und die Messbarkeit der Schlüsselqualifikationen. Es gibt deshalb auch Probleme hinsichtlich der Überprüfbarkeit der Lernfortschritte. Sie sind nur in einem begrenzen Umfang feststellbar. In Abhängigkeit von der Persönlichkeitsstruktur und den Lernvoraussetzungen bildet sich jedoch in der Auseinandersetzung mit den Aufgaben und Übungen ein persönliches Profil heraus.

»Das Leben ist ein Risiko. Mehr Risiko kann auch mehr Leben bedeuten.«

Henrik Ibsen

Durch aufwändige Beobachtungen in Arbeitssituationen können Schlüsselqualifikationen erschlossen werden. Hierbei hilft eine Trainingsbedarfsanalyse im Unternehmen (s. S. 59), die intern durch die Personalentwicklung oder durch einen externen Trainer durchgeführt wird, aus der ein Trainingsplan entwickelt wird.

Ein Drei-Tage-Seminar kann eventuelle Defizite im Verhalten aufzeigen und bewusst machen. Die Veränderung des Verhaltens, die Selbst- und Fremdwahrnehmung in den verschiedenen Situationen, um nur einige Punkte zu nennen, kann nur über mehrere Seminarbausteine erfolgen. Hilfreich ist hierbei der Videoeinsatz für das Feedback der Teilnehmer, aber auch für den Trainer, um Entwicklungen nachvollziehen zu können.

Auswertungshilfen für das Training unterstützen die Arbeit mit den verschiedenen Methoden dahingehend, dass den Teilnehmern bewusst wird, bei einem zum Beispiel gemeinsam gebauten Objekt (»Drachenbau«) verschiedene Verhaltensweisen an den Tag gelegt zu haben, die auch in Alltagssituationen »eine Rolle spielen«, jedoch veränderbar sind.

Zwischen den Seminarbausteinen können sich die Teilnehmer in Peergroups (selbst gesteuerten Lerngruppen) treffen und weiter an den Themen arbeiten, und zwar in Form vertiefender Lektüre, eines Erfahrungsaustauschs oder des Umgangs mit praxisbezogenen Aufgaben. In der Regel sieht das so aus, dass sich die Mitglieder der Peergroup wöchentlich zu einem »Follow-up« treffen. Es wird geklärt, welche Seminarinhalte umgesetzt wurden und wo Schwierigkeiten aufgetreten sind. Der Handlungsbesserungsbedarf wird diskutiert, um dann mit neuer Kraft in Arbeitssituationen zum Beispiel die Kritikfähigkeit zu stärken.

Ein »Begleiter« kann helfen, angestrebte Verhaltensänderungen umzusetzen

Besonders bei Führungskräften ist es wichtig, ihnen einen Mentor oder Coach an die Seite zu stellen, der sie in dieser Zeit begleitet und bei der Umsetzung der von ihnen gewünschten Verhaltensänderungen unterstützt. Denn gerade Führungskräfte erhalten in der Regel kein offenes Feedback aus ihrem Mitarbeiterkreis. Ein Mentor kann unternehmensintern durch die Personalentwicklung ausgewählt werden. Dabei kann es sich beispielsweise um einen speziell für diese Aufgabe freigestellten Mitarbeiter handeln der fachlich und persönlich die Voraussetzungen hierfür erfüllt. Dafür geeignet wären eventuell auch vorzeitig freigestellte Führungskräfte. Das Coaching dagegen übernimmt meistens ein Trainer, um zu gewährleisten, dass die Trainingssituation in den beruflichen Alltag umgesetzt wird.

In der Regel sollte ein Erfahrungsaustausch den Abschluss einer Seminarreihe nicht nur mit den Teilnehmern und Trainern, sondern auch mit Unternehmensvertretern bilden. Durch diese Rückkoppelung erübrigt sich die Frage nach der Messbarkeit.

Beurteilungen allein durch den Trainer sind eher subjektiv und somit problematisch, da auch Projektionen nicht ausgeschlossen werden können und die Gefahr des Abgleitens in therapeutische Interventionen besteht (siehe Kapitel »Trainerkompetenz«, s. S. 57).

So profitieren die Teilnehmer sowohl für ihr berufliches als auch für das private Umfeld von den Seminarbausteinen, und das Unternehmen ist Nutznießer von einem erfolgreichen Training.

Tests

Persönlichkeitstests werden in allen Bereichen der Personalentwicklung eingesetzt. Es gibt sie in den unterschiedlichsten Formen, wenn sie auch sehr umstritten sind. Erstaunlich ist, dass bis heute in Deutschland noch niemand versucht hat, einen psychologischen Test für soziale Kompetenzen im beruflichen Bereich zu entwickeln, zu norminieren und zu standardisieren.

Der Psychologe Professor Heinz Schuler hat zusammen mit Uwe Funke an der Universität Hohenheim, den Fragebogen zur Messung Sozialer Kompetenz (FSK 2000) entwickelt. Damit liegt ein biographiebezogenes Instrument zur Messung der Sozialen Kompetenz von Verkäufern und Beratern in den verschiedensten Bereichen, zum Beispiel des Banken- und Versicherungswesens, vor. Das Multiple-Choice-Verfahren umfasst 69 Fragen zu den Bereichen: soziale Wahrnehmungsfähigkeit, Kontaktfähigkeit und -bereitschaft, Selbstsicherheit, Optimismus, Frustrationstoleranz, emotionale Stabilität, Flexibilität, Verkaufsinteresse, soziale Interessen und Aktivitäten, sowie realitätsgerechte Ursachenzuschreibung. Wichtig ist, dass bei den Fragen Wert auf die situationsspezifische, soziale Interaktion gelegt wird und nur Handlungen, die als besonders erfolgskritisch gelten gemessen werden. Für die Beantwortung der Fragen stehen ungefähr 15 Minuten zur Verfügung. Es handelt sich nicht um einen einheitlichen Persönlichkeitstest, sondern um einen logisch konstruierten Fragebogen, dessen Schwerpunkt auf der Verschiedenheit beruht. Bereits bei der Entwicklung der Fragen und möglichen Antworten wird differenziert zwischen erfolgreichen und weniger erfolgreichen Mitarbeitern.

Für die Auswertung von Ergebnissen ist die Objektivität des Trainers Voraussetzung. Die Qualität des Test erkennt man an der Messgenauigkeit, gleichen Ergebnissen bei der Wiederholung des Test und Gültigkeit des Testergebnisses. Ein gutes Testergebnis sollte einen Mitarbeiter mit guten, beruflichen Leistungen zur Folge haben. Leider gibt es viele Test, die von den Teilnehmern geschönt werden können, sodass ein falscher Eindruck entsteht, dieses ist ein weiteres Manko von Persönlichkeitstests.

Gibt es geschlechterspezifische Soft Skills?

Da Männer und Frauen die Zukunft gestalten, ist es für den notwendigen Strukturwandel und die zu bewältigenden Aufgaben und Probleme unserer Zeit erforderlich, alle vorhandenen Ressourcen zu erschließen, sie zu nutzen und zu bündeln. Das hat zur Folge, dass die Fähigkeiten und Sichtweisen von Frauen und Männern gleichgestellt eingebracht werden müssen, sodass die Chancengleichheit für alle einen Gewinn bringt.

Geschlechtsspezifik

> »Das Verhältnis der Geschlechter ist der unsichtbare Mittelpunkt jeder Handlung.«
>
> *Arthur Schopenhauer*

Sind Männlichkeit und weibliche Schlüsselqualifikationen nur in Führungspositionen gefragt?

Um die Wahrheit über erfolgreiche Männer herauszufinden, hat Jan Halper in den USA 4.126 Firmenchefs, Direktoren, Manager und leitende Angestellte interviewt. Die Untersuchung von 1988 hieß: »Quiet Desperation« (Stille Verzweiflung). Es wurde festgestellt, dass fast alle Befragten Sklaven ihrer Machtposition und arbeitssüchtig waren. Sie »lebten« in ihrem Beruf, außerhalb fühlten sie sich leer, nutzlos und verloren. Hinter der Maske von Erfolg und Macht fand Jan Halper Unsicherheit, latente Depression, persönliche Ziellosigkeit. »Die Quelle dieses Leidens kommt aus der Tatsache, dass Männer davon abgeschnitten wurden, wer sie eigentlich sind. Ihnen ist früh beigebracht worden, ihre innere Welt zu verleugnen, ihre Gefühle zu vermeiden und entsprechend vorgegebener Muster zu leben.«

- **Männlichkeit** ist dabei gesellschaftlich definiert als Ausübung von Macht und Kontrolle, Stärke, Führung Dominanz, Logik, Stringenz, Überblick, Erfolg, Ehrgeiz und Besitz.
- **Weiblichkeit** wird assoziert mit Schwäche, Unterwerfung, Unsicherheit, Opferhaltung, Gefühl, Intuition, Nachgiebigkeit, Fürsorge, Häuslichkeit, Rücksicht und Liebe.

Um das eine zu erreichen, darf der Junge das andere nicht sein. Mit Recht hat Nancy Chodorow 1985 darauf hingewiesen, dass männliche Identität sich insofern negativ definiert, als sie sich von dem abgrenzen muss, was als weiblich gilt. »Männlichkeit ist erkauft durch den Verzicht auf weibliche Eigenschaften« stellt auch Professor Walter Hollstein (2000) fest.

Männliche Emotionalität zeichnet sich durch einen Mangel an Empathie aus, führt zu Konkurrenzsituationen und insbesondere Homophobie (Angst vor Nähe zu anderen Männern, sie fördert ein autoritäres, rigides und intolerantes Verhalten) als zentrales Beziehungsmuster zwischen Männern.

Zur Frage was ist männlich, was ist ein Mann, hat der amerikanische Männerforscher Herb Goldberg in den 70er-Jahren sieben maskuline Imperative zusammengefasst:

- Je weniger Schlaf ich benötige,
- je mehr Schmerz ich ertragen kann,
- je mehr Alkohol ich vertrage,
- je weniger ich mich darum kümmere, was ich esse,
- je weniger ich jemanden um Hilfe bitte und von jemandem abhängig bin,
- je mehr ich meine Gefühle kontrolliere und unterdrücke,
- je weniger ich auf meinen Körper achte,

desto männlicher bin ich.

Als männliche Führungsqualitäten gelten daher:

- Dirigieren und Anweisen;
- logisches, strategisches Denken;
- Risikofreude;
- Durchsetzungsvermögen;
- Entscheidungsfreudigkeit;
- Zielstrebigkeit.

Macht ausüben spielt bei Männern eine viel größere Rolle als bei Frauen

Führung bei Männern bedeutet oftmals Macht ausüben, denn häufig geht es nicht um die Aufgabe an sich, sondern lediglich darum, wie groß das unterstellte Team ist. Arbeitsschritte werden meistens delegiert, und Strukturen sowie Arbeitsprozesse werden nicht transparent gemacht, damit der Vorgesetzte allein den »Chef-Überblick« behält. Der Mann zieht die Projekte durch, es sei denn, er kann die Karriereleiter nach oben kommen, dann lässt er für diese Zielsetzung durchaus auch ein laufendes Projekt fallen oder steigt aus. Karriere und Sicherheit sind sehr wichtig. Da bleibt dann die Zufriedenheit am Arbeitsplatz und das Hinterfragen der Aufgaben im Hintergrund.

Nach einer neuen Männerstudie von Paul M. Zulehner und Rainer Volz sind lediglich ein Fünftel der bundesdeutschen Männer so genannte »neue Männer«. Sie sind partnerschaftlich in der Beziehung, beteiligen sich deutlich mehr an Haus- und Familienarbeit, unterstützen die Partnerin in ihrer beruflichen Tätigkeit und lehnen jegliche Gewalt als Mittel der Konfliktlösung ab. Ein weiteres Fünftel denkt traditionell, das heißt, die Frau gehört an den Herd. Folglich ist der Großteil der Männer zwischen dem »Softie« und dem »Macho« anzusiedeln, bewegt sich also in der goldenen Mitte zwischen beiden oben genannten Extremen und findet so seinen neuen Platz in der Gesellschaft. Immer mehr Väter nehmen Erziehungsurlaub, 20 Prozent der Väter sind ernsthaft bereit, sich stärker um die Erziehung zu kümmern und dafür den beruflichen Einsatz zu reduzieren. So ist der Mann aktuell dabei, sich ursprünglich eindeutig weibliche Soft Skills anzueignen und diese auch in das Berufsleben zu integrieren. Es nehmen in den deutschen Führungsetagen auch immer mehr die »bellenden und beißenden« Chefs ab, denen der diktatorische Führungsstil eigen ist. An ihre Stelle rücken immer mehr jüngere, kreative und neugierige Führungskräfte, die bereit sind, neue Wege zu gehen.

In der Vergangenheit wurde die Rolle des Mannes im Berufsleben kaum hinterfragt. Die Führungsrolle und die Karriere-Erwartung wurde von der Gesellschaft dem Mann zugeschrieben. Die Frau hielt ihm den Rücken frei, indem sie sich den Kindern und dem Haushalt widmete.

Anfang des letzten Jahrhunderts galt es als fortschrittlich, den Mädchen einen ihrem Stande gemäße Ausbildung zukommen zu lassen. Dennoch hatten Frauen keinen Zugang zu Ausbildungsmöglichkeiten entsprechend ihrer Fähigkeiten und somit auch nicht die Möglichkeit, unter Umständen einen Führungsposten zu übernehmen. Oft nahmen sie im Hintergrund nicht unerheblichen Einfluss auf die Positionen der Männer.

Rollenklischees werden diskutiert und in Frage gestellt

Heute werden diese Rollenklischees in Frage gestellt. Das heißt nicht, dass ein funktionierendes Haushalts- und Familienmanagement in der Gesellschaft abgewertet werden soll, im Gegenteil. Jedoch stellt sich immer mehr die Frage, ob dies ausschließlich von Frauen übernommen wird. Frau und Mann entscheiden auf Grund ihrer persönlichen Fähigkeiten und Interessen, welcher Beschäftigung – darunter auch die »Hausarbeit« – sie nachgehen wollen. Das veränderte Männerbild schafft allerdings noch Unsicherheiten im gesellschaftlichen Umgang, es sollte jedoch unterstützt werden, dass nicht nur Frauen in männliche Domänen einbrechen, sondern auch Männer in Frauenberufe.

Die Veränderung wird jedoch nicht nur stark von den Frauenbewegungen eingefordert. Immer mehr Firmen schätzen die Schlüsselqualifikationen von weiblichen Mitarbeitern. Dazu müssen sich jedoch die Arbeits- und Organisationsstrukturen verändern.

Vor einigen Jahren war bei Frauen in Führungspositionen männliches Denken und Agieren gefragt, das wird nicht mehr so auschließlich akzeptiert. Frauen setzen jetzt auch vermehrt auf ihre weiblichen Qualifikationen, die am Markt immer mehr gefragt sind.

Führung ist bei Frauen Mittel zum Zweck, da im Mittelpunkt die Aufgabe steht:

- Damit die Aufgabe bestmöglich gelöst wird, werden die Aufgabenbereiche von ihr unter den Mitarbeitern selbstverantwortlich verteilt. Das heißt, sie agieren auch im Sinne der Mitarbeiter und des Unternehmens.
- Sie arbeiten prozessorientiert im Team.
- Sie motivieren und binden die Mitarbeiter ein.
- Sie reagieren flexibler auf Marktbedürfnisse und Kundenwünsche als Männer.
- Für Frauen sind das Arbeitsklima, die Unternehmenskultur und die Arbeitsbedingung sehr wichtig, oft wichtiger als die Karriere.

Der weibliche Führungsstil ist innovativer und erfolgreicher

Neuesten Studien zufolge ist weiblicher Führungsstil sogar innovativer und erfolgreicher. »Frauen können neben der fachlichen Arbeit den hohen Anteil an Kommunikation und Teamwork in unseren Projekten besonders gut unterstützen«, heißt es bei der Allianz Versicherungs-AG.

Die Liste der Soft Skills bei Frauen ist bei der Professorin Gertrud Höhler um ein Vielfaches umfangreicher. Zusammenfassend schreibt sie:

> »Die Unentbehrlichkeit von weiblichem Know-how macht sich bereits bemerkbar, wo unbefangene junge Männer arbeiten. Dort sind mehr Frauen – keinesfalls aus ideologischen oder sozialpathetischen Gründen, sondern weil die jungen Männer einen kurzen Denkweg zu den Selbstverständlichkeiten haben: dass gemischte Talente komplexere Lösungen bringen.
> Je zeitgemäßer ein Unternehmen gemanagt wird, desto schneller wird sich dort die Zahl der Frauen vermehren. Wir werden bald diesen neuen Standard der Unternehmensbewertung offiziell sehen. Firmen von gestern sind Männerfirmen, die männlich kollabieren, auch wenn sie gestern noch vor Kraft kaum gehen konnten. Firmen für morgen sind gemischte Teams, die das neue Aufgabenspektrum im Management zwischen Männern und Frauen aufteilen, weil die Aufgaben verschiedenes Know-how verlangen.« (Höhler 2000)

Diversity Management

»Diversity ist keine idealistische Angelegenheit, diese Strategie ist sowohl gut für die Beschäftigten als auch fürs Geschäftsergebnis.«

Betsy Holden, Kraft-Foods-Chefin

Ein neues Zauberwort aus der amerikanischen Management-Lehre heißt »managing diversity«. »In den Vereinigten Staaten sind die Diversitätsthemen Rasse und Geschlecht bereits normale Managementthemen. Wenn amerikanische CEOs ihre deutsche Filiale besuchen, sind sie erstaunt über den Mangel an Frauen im Management.« (Die Zeit, Nr. 36, 2001 »Mütter an die Macht«) Was verbirgt sich hinter Diversity Management? Diversity bedeutet Menschen in ihrer Vielfältigkeit zu akzeptieren, seien es Geschlecht und Rasse sowie auch die verschiedenen Kulturen, Lebens-und Denkweisen. Es geht nicht um den Einzelnen, sondern um die Vielfalt der Gruppe, die optimale Zusammensetzung der Teams unter Einsatz des gesamten Kompetenzpotenzials. Es geht nicht mehr um Gleichstellung, sondern um kompetenzgerechte Unterscheidungen, auch für Männer und Frauen. Das heißt eine Chance nicht nur für die Geschlechter in ihrer Andersartigkeit.

Die Unterschiedlichkeit der Mitarbeiter kann, wenn sie richtig eingesetzt wird, ökonomische Vorteile für das Unternehmen ergeben. Ziel ist es, die Eigenheiten von Individuen und Gruppen gezielt als strategische Ressource zu nutzen.

Die Verschiedenartigkeit der Erfahrungen, Fähigkeiten und Einstellungen von Teammitgliedern soll zum Beispiel bei der Lösung komplexer Probleme aktiv genutzt werden. In der Regel müssen dazu zunächst einmal alte Denk- und Handlungsmuster aufgebrochen werden.

In Unternehmen gab es schon immer unterschiedliche Attribute (Geschlecht, Alter, Nationalität, gesellschaftlicher Status), Wertvorstellungen, Überzeugungen, Kompetenzen und Fertigkeiten. Die Mitarbeiter wurden allerdings meist in ein Schema gepresst. Anders zu sein (zum Beispiel behindert oder schwul) war häufig ein Manko.

Durch die Unternehmenszusammenschlüsse wurden DaimlerChrysler und die Deutsche Bank in den USA mit Diversity Management konfrontiert und erschließen sich jetzt dieses Handlungsfeld. Ein größeres Forschungsprojekt der Universität Potsdam beschäftigt sich in einem Unternehmensbereich der Siemens AG (A&D - Automation and Drive) mit dem Thema, welches sich derzeit langsam in Deutschland verbreitet.

Die Deutsche Lufthansa hat seit dem Januar 2001 einen Diversity-Stab. Die Themen der Diversity Managerin sind unter anderem: die Belange ausländischer, homosexueller und behinderter Mitarbeiter, die Frauenförderung, Seminare zur interkulturellen Kommunikation für Flugbegleiter, die Entwicklung von Modellen zur Verlängerung der Lebensarbeitszeit sowie die Vergütung. Die Fluggesellschaft hat schon seit Jahren bei Mitarbeiterreisen die gleichen Konditionen für gleichgeschlechtliche wie für heterosexuelle Lebenspartner.

Im Bereich Training und Entwicklung unterscheidet man zwischen Maßnahmen zur Veränderung der Selbst- und Fremdwahrnehmung und Stärkung der Soft Skills. Daraus ergibt sich, dass bisherige Unternehmenskulturen bewusst gemacht und hinterfragt werden müssen, um neuen Entwicklungen den Weg zu ebnen und das Training der Soft Skills für den Umgang mit und die Führung von unterschiedlichen Mitarbeitern.

Gender Mainstream

Der Gender Mainstream fordert die Integration der Perspektiven der Chancengleichheit zwischen den Geschlechtern in allen Organisationen und auf allen politischen Ebenen. Im Amsterdamer Vertrag haben sich die Mitgliedstaaten der Europäischen Union zur Umsetzung des Gender Mainstream Prinzips verpflichtet. Auch in Deutschland, zum Beispiel in Nordrhein-Westfalen, setzen sich Politik und Verwaltung zurzeit intensiv mit diesem Thema auseinander, dabei zeigen viele Unternehmen großes Interesse. Es werden in einem kritischen Geschlechterdialog die jeweils positiven wie negativen männlichen und weiblichen Seiten angesehen und neu kombiniert. Bei allen anstehenden Entscheidungen, egal in welchem Bereich, müssen alle Beteiligten sofort prüfen, welche Auswirkungen sie auf Frauen und Männer haben. Damit soll gewährleistet werden, dass in allen Entscheidungsprozessen systematisch und umfassend die unterschiedlichen Lebenssituationen, Interessen und Bedürfnisse der Geschlechter mit einbezogen werden. Weiterhin werden vorhandene Strukturen auf ihre Benachteiligung hin untersucht und entsprechend verändert.

Diese Geschlechterdemokratie als Ablösung von Männlichkeit kann somit nur gemeinsam von Männern und Frauen erreicht werden. »Männer und Frauen ... wahrhaft menschliche Wesen werden ... und nicht in erster Linie männliche beziehungsweise weibliche Wesen« sagt Atomphysiker und Psychologe Brian Easlea.

Leider sind die Grundvoraussetzungen der Konzepte nicht genau festgelegt, sodass auch schon kleinste Ansätze unter dem Label vermarktet werden. Die ernsthafte Umsetzung greift jedenfalls tief ein in die Strukturen der Unternehmen sowie auf allen politischen Ebenen. Diskussionen und die Einführung des Strukturwandels werden längere Zeit in Anspruch nehmen. Teilzeit, Erziehungszeit und Angebote zur Kinderbetreuung sind nur einige der wichtigen Rahmenbedingungen, die von beiden Geschlechtern angenommen und im Alltag genutzt werden müssen.

Soft Skills aus internationaler Sicht

Im gesamten europäischen, aber auch internationalen Raum wird über die Soft Skills – wie auch immer der Begriff benannt und definiert wird – in der Aus- und Weiterbildung diskutiert.

Internationale Ansätze in der Aus- und Weiterbildung

Im südlichen Europa haben die Soft Skills in der beruflichen Weiterbildung eine etwas andere Bedeutung, da sie mentalitätsbedingt als gegeben angesehen werden. Hier wird mehr der Wert auf das situationsgerechte Verhalten gelegt.

In **Italien** gibt es sehr unterschiedliche Systeme in der Weiterbildung, die nebeneinander vorhanden sind. Diese unterschiedlichen Weiterbildungsmodelle müssen den sozialen Anforderungen in den verschiedenen Regionen Italiens gerecht werden. Hier spielt es für die berufliche Qualifizierung eine größere Rolle, Soft Skills in Methodenkompenz wie Rhetorik, Moderation usw. zu fördern und zu trainieren.

In **Frankreich** arbeitet man daran, Soft Skills bereits in Grundschulen mit neuen Lernmethoden zu fördern, sodass das situationsgerechte Verhalten als Kompetenz in die berufliche Qualifikation einfließt. In der beruflichen Weiterbildung werden Soft Skills in die erforderliche Qualifikation eingeschlossen und somit vorausgesetzt.

Im Sommer 2000 wurde in **England** ein neues Weiterbildungsgesetz »Learning and Skills Act 2000« vom Parlament verabschiedet. Damit begann ein offizieller Prozess, der neue Strukturen für Schulen, Colleges of Further Education, Erwachsenenbildung und private oder staatlich unterstützte Aus- und Weiterbildungseinrichtungen errichtet (Hochschulen ausgenommen). Die Angebote umfassen die üblichen beruflichen Kurse für Auszubildende bis zu den so genannten akademischen Kursen. Es werden neue Formen der Bewertung und Beurteilung von Leistungen und Qualitätsstandards entwickelt. Die Förderung der Soft Skills oder Key Competences fließen in die Diskussion ein, sind jedoch im Moment nachrangig. Das neue System soll eine übersichtliche, national geprägte Regelung zur Bildung ab dem 16. Lebensjahr einführen.

Alan Smithers, Direktor am Centre for Education and Employment Research der Universität Liverpool, bringt für England die Voraussetzungen für einen Berufserfolg in einem Satz zum Ausdruck: »Deine Karrierechancen hängen davon ab, auf welche Universität du gehst; die Wahl der Universität ist wiederum ausschlaggebend, auf welcher Schule du warst und das hängt natürlich wieder davon ab, aus welchem Elternhaus du kommst.«

In Japan weiß jeder: Wer sein Glück in der japanischen Gesellschaft machen will, muss den Einstieg in ein elitäres Bildungskonsortium schaffen, dessen Kosten vom Kindergarten bis zum Abitur ungefähr 160.000 Euro betragen. In den staatlichen Pflichtschulen erwartet die Kinder ein faktenvernarrtes Auswendiglernen. An den Privatschulen wird Wert gelegt auf kreatives Denken und die Entwicklung von Führungsqualitäten.

Die Kreativität spielt auch in China eine Rolle: »Warum werden in China vorwiegend deutsche Autos gebaut? Wegen unseres Mangels an Kreativität«, betont Li Tayang, Direktor einer Pekinger Mittel- und Oberschule mit 2.500 Schülern, in Anspielung auf die Dominanz des Volkswagenkonzerns in China. Der Schuldirektor belässt es allerdings nicht beim Jammern: Inzwischen lernen seine Schüler interaktive Kommunikation am Computer, erhalten besonderen Kunst- und Musikunterricht und werken auch schon mal mit der Laubsäge. In den Hauptfächern wird regelmäßig Gruppenarbeit praktiziert. »Wir wollen weg vom Opfergeist für Führer, Eltern und Lehrer«, erklärt Li sein Schulkonzept. »Heute muss die Entfaltung des Einzelnen im Mittelpunkt der Erziehung stehen.« (Die Zeit 2001/28 Hochschule)

Frauen international

In der EU hat Frankreich den höchsten Anteil an weiblichen Führungskräften. Zum Beispiel sind dort 30 Prozent der Professoren und 23 Prozent der Rektoren an Hochschulen Frauen. Jedes fünfte Unternehmen wird von einer Frau geführt. In Großbritannien wird jedes sechste Unternehmen von einer Frau geführt. In Deutschland wird nur eines von 33 Unternehmen von einer Frau geleitet, und in den 100 größten deutschen Unternehmen ist keine einzige Frau im Vorstand. Im EU-Durchschnitt wird jedes achte Unternehmen von Frauen geführt. Es ist schon erstaunlich, dass Deutschland als eines der wirtschaftlich mächtigsten Länder kaum mehr Managerinnen als Griechenland und Portugal beschäftigt.

Dabei stellen Frauen in Deutschland 42 Prozent der Erwerbstätigen. 55 Prozent der Abiturientinnen 1998 und 42 Prozent der Hochschulabsolventinnen sind Frauen. Im Durchschnitt sind die erreichten Noten von Frauen besser als die von Männern.

Der Frauenanteil im Management liegt in den USA bei 46 Prozent, in Kanada bei 42 Prozent!

Schlusswort

Zum Abschluss sei darauf hingewiesen, das sich derzeit viele Projekte mit dem Thema »Schlüsselqualifikationen« national und international auseinander setzen. Zwei Beispiele werden hier aufgeführt:

Da die Themen »Weiterbildung im beruflichen Kontext« und »Schlüsselqualifikationen für den Beruf« nicht nur die regionale und nordrhein-westfälische, sondern auch die nationale und internationale Bildungsdiskussion beherrschen, ist das NEXUS-Projekt (lat.: Verbindung, Verflechtung, Zusammenhang) als Entwicklungsvorhaben der Länder NRW (Landesinstitut Soest, Abteilung Qualifikation), Hessen (HVV, Institut des Hessischen Volkshochschulverbandes GmbH) und Hamburg (Hamburger Volkshochschule) entstanden. Neben dem Austausch auf nationaler Ebene, ist durch eine flankierende europäische Lernpartnerschaft »NEXUS«, der Erfahrungstransfer über die oben genannten Themen und Fragestellungen in den europäischen Kontext gestellt worden. Beteiligt sind Weiterbildungsorganisationen aus Großbritannien, Italien, Rumänien und Schweden.

Die Bundesvereinigung Kulturelle Jugendbildung e.V. arbeitet in dem »Weiterbildungsprojekt zur Schulung von Multiplikatoren der kulturellen Bildung und zur Anwendung in der beruflichen Praxis« an dem Thema »Bewertung und Zertifizierung von Bildungswirkungen der kulturellen Bildung für das Arbeitsleben«. Ziel ist es die Multiplikatoren der kulturellen Bildung zu befähigen, Kompetenzen – wie sie durch kulturelle Bildungsangebote erworben werden – zu erfassen und zu zertifizieren. So sollen die Kompetenzen wie Teamfähigkeit, Flexibilität, Innovations- und Kommunikationsfreude, Gestaltungskompetenzen oder auch Durchhaltevermögen gebündelt und in den beruflichen Werdegang eingebracht werden.

Neue Erkenntnisse aus weiteren Projekten werden 2003/2004 erwartet. Es ist daran zu erkennen, dass ein altes Thema neue Dimensionen gewinnt. »Die große Herausforderung für die Weiterbildung heißt daher ›Kompetenzentwicklung‹. Wissen muss mit persönlicher Erfahrung einhergehen, wenn die Menschen handlungskompetent werden wollen.« (Hans Peter Stihl, Präsident des Deutschen Industrie- und Handelstages auf dem 6. Weiterbildungskongress 1999 in Dresden)

Anhang

Literaturverzeichnis

Antons, Klaus: Praxis der Gruppendynamik, Hogrefe, Göttingen 1998
Beck, Ulrich: Risikogesellschaft. Suhrkamp, Frankfurt am Main 1986
Berg, Markus, u.a.: Unternehmenstheater interaktiv. Beltz, Weinheim und Basel 2002
Bunk, Gerhard P./Zedler, Reinhard: Neue Methoden und Konzepte beruflicher Bildung. Deutscher-Instituts-Verlag, Köln
Bunk, Gerhard P./Kaiser, Manfred/Zedler, Reinhard: Schlüsselqualifikationen-Intension, Modifikation und Realisation in der beruflichen Aus- und Weiterbildung. In: Mitteilungen aus der Arbeits- und Berufsforschung 1991
Chodorow, Nancy: Das Erbe der Mütter, Psychoanalyse und Soziologie der Geschichte«, Verlag Frauenoffensive, München 1985
Claussen, Claus: Wochenplan und Freiarbeit. Westermann, Braunschweig 1993
Cohn, Ruth C./Faran, Alfred: Gelebte Geschichte der Psychotherpie. Klett Cotta, Stuttgart 1984
Czichos, Reiner: Coaching = Leistung durch Führung. Ernst Reinhard, München 1991
Deutscher Lehrerverband, Memorandum: Der Beitrag der Eltern zur Bildungsoffensive. 4.2001
Easlea, Brian: Vater der Vernichtung. Reinbek, rororo 1986
Gervé, Friedrich: Freiarbeit. AOL Verlag. Lichtenau 2000
Golemann, Daniel: Emotionale Intelligenz, Hanser. München 1995
Golemann, Daniel: EQ2, Der Erfolgsquotient. Hanser. München 1999
Golemann, Daniel: Kreativität entdecken. Hanser. München 1997
Golemann, Daniel, Richard Boyatzis, Annie McKee: Emotionale Führung, Econ Verlag, München 2002
Gutzeit, Sabine F.: Die Stimme wirkungsvoll einsetzen. Beltz, Weinheim und Basel 2002
Halper, Jan: Quiet Desperation, Warner Books. New York 1988
Hartmann, Michael: Deutsche Topmanager ... In: Soziale Welt, Jahrgang 46, S. 460, 1995
Höhler, Gertud: Wölfin unter Wölfen. Econ, München ^{2}2000
Hollstein, Walter: Traditionelle Männlichkeit als Gesundheitsrisiko. In: Dr. Mabuse Nr. 125, Mabuse. Frankfurt 2000
Huck-Schade, Johanna Maria: Neue kreative Wege im Seminar. Beltz. Weinheim und Basel ^{2}2001
Kaiser, Franz-Josef: Der Beitrag aktiver partizipativer Methoden zur Vermittlung von Schlüsselqualifikationen. In: Kruber, Klaus-Peter (Hrsg.) Didaktik der ökonomischen Bildung. Schneider. Baltmannsweiler 1994
Kartari, Asker: Deutsch-türkische Kommunikation am Arbeitsplatz. In: Münchner Beiträge zur interkulturellen Kommunikation. München 1997

Kayser, Annette/Schäkel, Lieselotte: Kinder und Lehrer lernen: Freie Arbeit, Cornelsen, Scriptor. Frankfurt/Main [6]1994

Keupp, Heiner u.a.: Indentitätskonstruktionen. rororo Taschenbuch. Reinbeck 1999

Kiepe, Klaus: Erwartungen der Wirtschaft an die allgemeinbildenden Schulen. In: Konzeptionelle Ansätze ökonomischer Bildung, Klaus-Peter Kruber (Hrsg.): Deutsche Gesellschaft für ökonomische Bildung, Bergisch Gladbach 1997

Klippert, Heinz: Methoden-Training, Beltz, Weinheim und Basel [13]2002

Kluge, Annett, Peter V. Zysno: »Teamkreativität« Minerva-Publ. Saur Verlag, München 1993

Langmaack, Barbara, Themenzentrierte Interaktion. Beltz Taschenbuch, Weinheim und Basel 1996

Martin, Jean Pol: Lernen durch Lehren – eine Unterichtsmethode zur Vorbereitung auf die Arbeitswelt. Aufsatz nur zu finden unter der LdL-Homepage: http://www.ku-eichstaett.de/docs/slf/ldl

Mertens, Dieter: Schlüsselqualifikationen, Thesen zur Schulung für eine moderne Gesellschaft. In: Mitteilungen aus der Arbeitsmarkt- und Berufsforschung, 7. Jahrgang 1974

Müller, W.: Freies Arbeiten – Ein Weg zum Selbstwerden und zum Lernerfolg. In: Stuffer, G. (Hrsg.): (K)leine besondere Schule. Oldenbourg. München 1989

Piepenburg, U.: Rechnergestütztes kooperatives Arbeiten [Mitteilung 197]. Hamburg: Universität Fachbereich Informatik 1991

Polster, Erving/Polster, Miriam: Gestalttherapie, Fischer, Frankfurt a.M. 1997

Schaller, Roger: Das große Rollenspiel-Buch. Beltz, Weinheim und Basel 2001

Schnack, Dieter/Thomas Gesterkamp: Hauptsache Arbeit? rororo. Reinbeck 1998

Schuler, Heinz/Dorothea Barthelme: Stolperstein Sozialkompetenz. In: Seyfried, Brigitte (Hrsg.) Bundesinstitut für Berufsbildung. Bertelsmann. Bielefeld 1995

Schulz von Thun, Friedemann: Miteinander Reden. rororo. Reinbeck 1996

Sennett, Richard: Der flexible Mensch. Siedler Taschenbücher. Berlin 2000

Stevens, John O.: Die Kunst der Wahrnehmung. Gütersloher Verlag, Gütersloh 1996

Stuffer, G. (Hrsg.): (K)leine besondere Schule. Oldenbourg. München 1989

Watzlawick, Paul: Menschliche Kommunikation. Huber. Bern [10]2000

Werner, Dirk: Institut der Wirtschaft, Köln – BNW-Projekt Schlüsselqualifikationen: Vermittlung von Schlüsselqualifikationen an niedersächsischen Hochschulen Ergebnisse der Hochschulumfrage, 8.1999

Werner, Dirk: Institut der Wirtschaft, Köln – BNW-Projekt Schlüsselqualifikationen: »Möglichkeiten zur Förderung des Erwerbs von Schlüsselqualifikationen durch Studierende« Ergebnisse der Unternehmensumfrage 1999

Zinker, Joseph: Gestalttherapie als kreativer Prozess. Junfermann. Paderborn [6]1998

Adressenliste

Business Theater, Visual GmbH; Heppenheimer Straße 31–33, 68309 Mannheim, Tel. 0621-87691-0, Fax 0621-87691-50, E-Mail: visual@business-theater.de, www.business-theater.de

DEKRA-Planspiel »Der Manager im Handelsbetrieb«, KHS Know How Systems, Gesellschaft für Berufsforschung und Mulitmedia-Entwicklung mbH, Lützenkirchstraße 30, 81929 München, Tel. 089-93940262, Fax 089-9305764, E-Mail: db@KHSweb.de, www.vernetzt-denken.de

Humor, Klingental 7, CH-4058 Basel, Fax 0041-616931049, E-Mail: humor@humor.ch, www.humor.ch

Naused, Ester, Haydnstr. 1, 20249 Hamburg, Tel. 040-483048, E-Mail: nausmit@gmx.de

Projekt Nexus, Hessischer Volkshochschulverband, Winterbachstraße 38, 60320 Frankfurt, E-Mail wolf.hvv@t-online.de oder Landesinstitut für Qualifikation, Paradieser Weg 64, 59494 Soest, E-Mail: Sabina.Kocot@mail.lsv.nrw.de, www.nexus-projekt.net

Rhythmikon, Institut Rhythmikon, Schleißheimer Straße 22–24, 80333 München, Tel. 089-52314210, Fax 089-52314211, www.rhythmikon.de

SeitenWechsel, Patriotische Gesellschaft von 1765, Trostbrücke 4, 20457 Hamburg, Tel. 040-366619, Fax 040-378094, E-Mail: info@patriotische-gesellschaft.de, www.seitenwechsel.com und ProjekTATelier Lucie Hauser, Stauffacherstrasse 106, CH-8004 Zürich, Tel. 0041-12417744, Fax 0041-12417763, E-Mail: projektatelier@swissonline.ch, www.seitenwechsel.ch

Dieckmann, Hanno, Unternehmensberatung, Johannes–Müller-Str. 2, 50735 Köln, Tel.: 0221-976 22 47, E-Mail: Hanno. Diekmann@fuehrung.com

Köckeis, Renate, Schauspiel/Regie/Training, Karlsbaderstr. 2a, 86356 Neusäss b. Augsburg, Tel. 0821-243 16 86, E-Mail: renatekoeckeis@aol.com

Stichwortverzeichnis